＼ いちばんわかりやすい！ ／

新 事業承継税制のかしこい使い方

小林満春
税理士

CrossMedia
Publishing

本書の内容は、主に2022年3月時点での情報を基にしていますが、その後の関係法令の改正等によって変更になる場合があります。

はじめに

「事業承継税制はご存じですか？」

私はクライアントやご縁をいただいた経営者の方に、このようにお尋ねすることがあります。そうした場合、次のようなお答えをいただくケースがよくあります。

「聞いたことはあるけど、特にうちには……」

「顧問の先生に聞いてみたけどメリットがないって言われたので……」

また、それとは別に、「自社の株価評価はしていますか？」とお伺いすると、

「株価の評価はしたことがないんだよね」

「顧問の先生にお願いしてみたことはあるんだけど、時間がかかると言われて……」

など、自社株式の税務評価をしていないという回答を多くいただきます。

これらは小規模な企業の話ではなく、いずれも売上が何十億とある企業の経営者とのお話です。

その規模の会社でも、株価評価を行っていない、自社の株価を把握していないということは、裏を返せば「日本の多くの企業で、事業承継に対する問題の認識がまだまだ進んでいない」ということだと思われます。

本書で解説する「新事業承継税制」は、日本の中小企業を守るために、国が主導して進めている制度です。より細かくお話しすると、本書では事業承継税制のうち、２０１８年4月からスタートした「特例措置」について詳しく触れていきます。

これは大変有利な税制なのですが、24年3月末までに計画書を提出し、27年12月末までに贈与・相続を実施することが求められる期限付きの措置です。ぜひ、本書で概要を知り、次世代につなぐ事業承継に活用していただきたいと思っています。

日本には、素晴らしい中小企業が数え切れないほどあり、素晴らしい経営者が数多くおられます。しかし近年、中小企業の後継者難は深刻で、事業承継の見込みが立たないまま高齢となった多くの経営者が、引退年齢を迎えています。

このままでは、わが国の貴重な技術と雇用が失われてしまうという危機感から、国もさまざまな支援策を積極的に講じるようになりました。税制面では、09年4月に非上場株式の贈与税・相続税を優遇する事業承継税制が創設され、その後も改正が重ねられてきました。そして18年4月には、事業承継税制の内容を強化した特例措置が創設されました。

中小企業の事業承継における最大のネックは、「自社の非上場株式の後継者への承継」にあります。

以前は経営者の生前に株式を早期に移転することには、相当の時間と労力、そして納税が必要でしたので、積極的に移転に取り組んでいる企業は少数でした。そのため経営者が亡くなることにより多額の相続税が発生していました。

中小企業の場合、事業承継は個人の遺産相続と一体といってよく、自社の株式を相続税や贈与税の対象から外せることは、事業を引き継ぐ上で大きな支援となるはずです。

私は税理士ですが、社員を20人ほど雇用する中小企業の経営者でもあります。経営の苦労やかじ取りの大変さは、日々ひしひしと感じています。

中小企業の経営者の方々は、会社の全責任を背負いながら、さまざまな問題を解決し、会社の内部留保を厚くして危機に備えつつ、社員の雇用を守っておられます。そのような日本の中小企業だからこそ、永続して残していっていただきたいと私は思っています。

昨今、経営環境が厳しいといっても、高収益の中小企業はたくさんあります。新しい事業承継税制を活用することによって、利益が残るような会社を経営していて内部留保が多い場合は、これまでであれば数千万円もかかってきた税金がゼロになったり少額で済んだりするようになります。

事業を引き継ぐには、M&A（合併・買収）による売却という方法もあり、昨今では中小企業のM&Aも盛んになってきました。株式をそのまま相続すると3割から5割の税金がかかってきますが、M&Aで売却すれば2割で済みます。

しかし、売ってしまったらそれまでですし、売却先が技術や従業員を守ってくれる保証もありません。その点、事業承継税制を使えば、税金はかかりませんし、技術や従業員も守りやすいのでメリットがあります。ただ、問題は手間がかかることです。

株式や不動産など、資産の保有や取得に課税する税、いわゆる「資産税」の分野は、専門にやっている税理士でないと難しいところがあり、資産をどう引き継ぐのかという問題には総合的な提案が必要で、機械的にやってもなかなかうまくいきません。本を読んで得られる知識だけで解決するのではなく、ご相談をいただいた中で知恵を絞り、知識を組み合わせていくようなことも多くあります。条文などに書いてあっても、疑問な点を所轄官庁に聞いていくことも大切です。

例えば、私は事業承継税制に関して、こんな経験があります。

改正前の事業承継税制では、先代経営者1人のみが株式の贈与者となれたのですが、贈与者の条件として、法律の条文には「先代経営者が株をいちばん多く持っていたこと」としか書かれておらず、〝いつ〟という条件は条文からは判断できませんでした。

ある会社で、創業者である父親が亡くなった後、現代表取締役である母親が息子に株式を贈与したいという案件がありました。父母の株式は同数のときもありましたが、父親のほうが多い時期もありました。

当初、同社の顧問税理士の方のご意見は、「事業承継税制の適用はできない」だったそうですが、私にもセカンドオピニオン的に相談があり、調べてみると、「常に多く株を持っていなければいけない」のではなく、「過去のある時点で、代表者を務めていたときにいちばん多く持っていることが確認できればよい」ということがわかりました。母親は過去に父親と同数だったことがあり、いちばん多く持っていたことが確認されたため、無事に事業承継税制の適用を受けることができました。

このように、資産や不動産は専門家でも判断が分かれる難しさがあるので、顧問税理士がいらっしゃっても、資産税を専門にやっている私の事務所に依頼がくるケースも数多くあります。

今回の新事業承継税制は、経営者と後継者、そしてそれをサポートする税理士などの専門家の協力が必要不可欠になってきます。冒頭でも書きましたが、経営者の方、そしてそれをサポートする専門家の意識が低くては、せっかくの制度も、うまく活用できません。

本書は経営者の方だけでなく、後継者の方にも、そしてそれをサポートする専門家の方々にも読んでいただけるように心を砕きました。

新事業承継税制は、数ある税制の中でも特に手続きが複雑で、先ほどの例のように、判断や確認に専門的知識を要する側面もある制度です。また、単に税務の分野だけでなく、民法の知識、そしてそれらを活用した上でのグランドデザインが必要になってきます。しかし、自社の事業承継に対するメリットが見いだせるようでしたら、ぜひ活用していただきたい制度でもあります。

それらをサポートできる専門家の方々も含めて、ぜひ本書をご活用いただき、日本を支える多くの中小企業が永続していくための一助になれれば幸いです。

２０１９年４月

さくら東京税理士法人 代表社員・税理士　　小林 満春

活用のプロセス

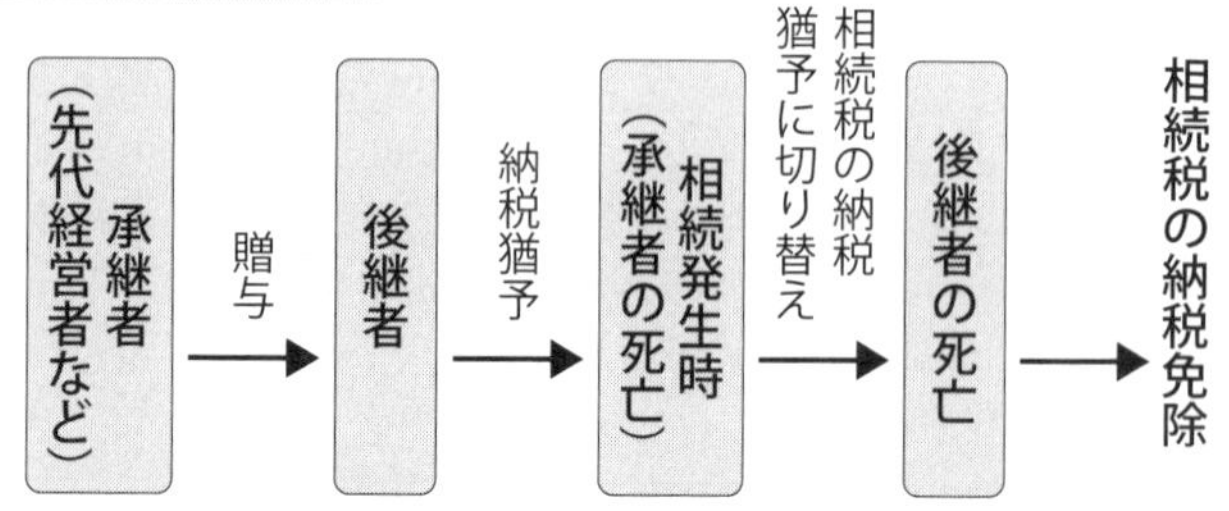

※ 上記が基本的なパターンだが、贈与で利用する前に承継者が死亡した場合、相続税の納税猶予でも開始できる

事業承継税制を活用する際には、経営者の方だけではなく、顧問など身近な専門家と一緒に検討することをお勧めします。

序章を除いた各章の主な内容は次の通りですが、読むパートを分けていただいても構いません。

第１章 …… 基本的な仕組み
第２章 …… 特例措置の適用要件
第３章 …… 手続きの具体的な進め方
→ 特に顧問税理士などの専門家の方に読んでもらいたい部分

第４章 …… 活用のケーススタディ
第５章 …… よくある疑問への Q&A
第６章 …… 併せて考えたいポイント
→ 特に企業経営者や後継者の方に読んでもらいたい部分

■ 本書でわかる事業承継税制の活用マップ

2018（平成30）年1月1日から2027年12月31日までの10年間は、これまでの「一般措置」より使いやすくなった「**特例措置**」が活用できる

↓

▼ 使いやすくなったポイントの一例

- 対象となる株式数が
  発行済み株式数の最大3分の2 → 全株式に
- 評価額に対する納税猶予の割合が
  贈与税100%・相続税80% → 贈与税・相続税とも100%に
- 後継者（株式をもらう側）の人数が
  1人 → 最大3人に　　など

事業承継税制のメリット

- 中小企業の非上場自社株式を**非課税で後継者に移転**できる
- **先代経営者の生前**に早期に株式を後継者に移転できる
- **中小企業の相続税対策**として有効

贈与税　相続税 ⇒ 納税猶予後、最終的に非課税

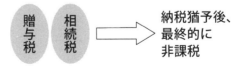

『いちばんわかりやすい！　新事業承継税制のかしこい使い方』目次

序章

特例措置により格段に使いやすくなった事業承継税制

第1章

基本的な仕組みを理解しよう

CONTENTS

第2章 特例措置を利用するための適用要件とは

第3章

手続きの具体的な進め方

第4章

特例措置活用のケーススタディ

第5章

こんなとき「どうする?」「こうする」

第6章

［実践編］ここも一緒に考えておきたい

序章

特例措置により格段に使いやすくなった事業承継税制

新しい事業承継税制（特例措置）は、
これまでの制度（一般措置）と比べて
どこがどのように変更され、どんな点が
使いやすくなったのか、その概要を解説します。

01 特例措置により事業承継税制はこう変わった

POINT
メリットが拡大し
使い勝手が格段によくなった

一般措置の弱点をなくし、使いやすく強化された特例措置が始まった

事業承継税制は、中小企業の経営者から後継者に自社の非上場株式を非課税で移転することによる事業承継の税制面からの支援制度です。利用できる税制優遇には、贈与税と相続税がありますが、特例措置ではまず贈与税の納税猶予を受け、相続が発生したときに相続税の納税猶予に切り替えて最終的に納税免除を受けるのが基本的なパターンです。

事業承継税制の元になったのは、２００８年10月１日に施行された経営承継円滑化法です。中小企業の経営承継が困難になってきたことに対して、総合的に事業承継を支援するためにできた法律です。同法の柱は「民法の遺留分に対する特例（贈与株式等の遺留分からの除外など）」「金融支援（後継者への融資など）」「税制支援」の３つです。このうち税制支援として自社の非上場株式の贈与税・相続税に対する納税猶予・免除制度（事業承継

[図表0-1] 事業承継税制の創設から特例措置までの流れ

施行年	法制度名	主な内容
2008(平成 20)年	経営承継円滑化法	遺留分特例、金融支援、税制支援、(事業承継税制の整備)
2009(平成 21)年	事業承継税制(創設)	贈与税・相続税の納税猶予および免除制度
2015(平成 27)年	改正事業承継税制	親族外承継も対象、雇用８割維持要件の緩和(5年間毎年→5年間平均)など
2017(平成 29)年	改正事業承継税制	贈与税の納税猶予が取り消された場合の納税額を相続税と同額とする措置など
2018(平成 30)年	事業承継税制の特例措置創設	2018年１月より10年間の期限付きで一般措置の一部を緩和（納税猶予割合100%への拡充、後継者人数３人への拡充、雇用８割維持要件の緩和など）

[図表0-2] 事業承継税制の一般措置と特例措置

主な要件項目	一般措置	特例措置
事前の計画策定等	不要	特例承継計画の提出(注) ※提出期間は2018年(平成30年)4月1日から2024年3月31日までの６年間
適用期間	期限なし(恒久措置)	10年以内の贈与・相続等 ※2018年(平成30年)1月1日から2027年12月31日までの10年間
対象株式数	発行済株式数の最大３分の2	全株式(発行済株式数)
評価額に対する納税猶予割合	贈与税100%、相続税80% ※発行済株式数の３分の２が上限	贈与税・相続税とも100% ※発行済株式数の全株式可
承継者の人数	複数の株主(2018年1月から)	複数の株主
後継者の人数	１人	最大３人
雇用確保要件	承継時の雇用人数に対して承継後5年間平均８割の雇用人数維持	承継後５年間平均８割の雇用人数維持は同様だが、理由があれば８割を下回っても可(実質撤廃)
事業の継続が困難な事由が生じた場合の免除	なし	あり
相続時精算課税の適用	60歳以上の者から18歳以上の推定相続人・孫への贈与	60歳以上の者から18歳以上の者(親族外も可)への贈与

(注)2024年3月31日までの贈与・相続の場合、贈与・相続後に特例承継計画を提出することも可

税制）の創設が盛り込まれました。こうして、09年4月に事業承継税制がスタートしていきます。

事業承継税制は創設後も前ページの表のように何度かの改正を重ねてきましたが、制約が多いことで使い勝手が悪く、15年の改正で大きく増加したものの年間５００件程度とあまり活用されていなかったのが実態です。

活用されない理由として最も大きいと考えられるのは、雇用確保要件によるリスクです。承継時の８割の雇用を維持しないと納税猶予が取り消されてしまい、その時点で多額の納税が発生してしまいます。実際、15年の改正で、５年間毎年８割雇用から５年間平均８割雇用に緩和されてからは、前年までの年平均１７０件程度から年４００件台の利用に増えています。納税猶予取り消しのリスクがあり、取り消されたときの納税資金の確保が必要となる雇用確保要件は、小規模な企業ほど使いづらい面があります。

しかし、増えたといっても利用実績はまだまだわずかです。中小企業の数は中小企業庁によれば約３５０万社（16年のデータ）に及びます。中小企業の経営者の平均引退年齢は遅くなる傾向にありますが70歳前後です。すでに団塊の世代の数十万人の経営者が引退時期に入っています。

また、日本政策金融公庫総合研究所「中小企業の事業承継に関するインターネット調査」（16年2月）によれば、60歳以上の経営者の半分が廃業を予定しており、廃業理由の約3割が後継者難となっています。さらに同調査では廃業予定企業であっても、3割の経営者が、同業他社よりもよい業績を上げていると回答し、今後10年間の将来性についても4割の経営者が少なくとも現状維持は可能と回答しています。

こうしたことから、廃業する必要のない中小企業の後押しをもっと強力に進めるために18年に事業承継税制の制約を大幅に緩和した特例措置が創設されたのです。特例措置は27年までの時限措置なので、従来の

［図表0-3］事業承継税制の利用実績の推移

相続・贈与の年	2008	2009	2010	2011	2012	2013	2014	2015	累計
贈与税	—	—	63	77	72	78	43	270	603
相続税	45	146	80	51	81	110	127	224	864
計	45	146	143	128	153	188	170	494	1,467

（注）贈与税については制度開始時期は2009年4月以降だが、2009年の統計上では記録なし
※ 国税庁「統計年報」より

措置は一般措置として区別されて呼ばれています。特例措置は一般措置の弱点がほぼカバーされ、使い勝手が格段によくなったため、利用が大きく伸びると期待されています。

特例措置でメリットの拡大と同時にリスクがほぼ解消

一般措置と特例措置の主な違いは19ページの表に示したとおりです。一般措置よりメリットが拡大されただけでなく、利用に二の足を踏ませ使い勝手が悪いと指摘されていたリスクがほぼ解消されたことが特例措置の大きな特徴です。

特に、最大の壁といわれた雇用確保要件は8割を下回っても理由があれば認められるようになりました。理由は「経営の悪化」ということでよく、実質的に撤廃されたのと同じです。このため、雇用確保要件を満たさなくなることによる取り消しリスクを心配しなくてよくなりました。さらに、事業継続が困難になって会社がなくなるときなどには納税猶予額が免除されることになりました。

メリットの拡大では、一般措置では発行済株式数の3分の2までしか対象にならなかったのが、特例措置では全株式が適用対象になりました。株式の評価額に対する納税猶予割合も贈与税・相続税とも100%適用できるようになりました（一般措置では、相続税は

80％まで）。つまり、発行済株式の全部を１００％納税猶予できるようになったのです。

後継者への株式贈与も一般措置では先代経営者１人からしかできませんでしたが、特例措置では代表者以外の複数の株主から贈与を受けられるようになりました（なお、２０１８年１月からは一般措置でも複数株主からの贈与が可能になった）。また、一般措置では、後継者は１人に限られていましたが、最大３人まで可能になりました。さらに、親族外後継者への継承をしやすくするため、親族外後継者も相続時精算課税の適用を受けることができるようになりました。

特例措置も期間限定と手続きの煩雑さに課題が残る

特例措置の大きな課題は、期限付きであることです。特例措置の期間は２０１８年１月から27年12月31日までの10年間ですが、最初の６年以内（期限は24年３月31日）に特例承継計画を提出しなければなりません。期間はスタートしていますので、提出期限までは時間がそれほどありません。自社の後継者を定め、承継に関するさまざまな問題を検討する余裕があまりないのです。

また、特例承継計画を提出しても適用期限の27年12月31日までに贈与や相続が実施されなければなりません。先代経営者は代表を降りなければならないため、先代経営者の抵抗も考えられます。さらに、後継者の次の世代の承継までには特例措置の期限が来てしまい、特例措置が使えないことも多いでしょう。

特例措置をさらに使いやすくするには、特例措置の期間延長も必要でしょう。また、贈与や相続の実施後も5年間は毎年、5年経過後も3年に一度の継続届出書の提出義務があるなど手続きの煩雑さは一般措置と同じです。手続きの簡素化も事業承継税制の利用拡大のひとつの課題です。

ただ、手続きは煩雑ですが内容自体はそれほど難しいものではなく、専門家に任せられるところは任せられるので、積極的に検討できるかがカギになります。最終的な決定ができなくても、とりあえず24年3月31日の期限までに特例承継計画を提出して特例措置の権利を獲得しておけば、実際の贈与・相続の実施（代表者の交代による承継の実施）は27年12月31日までに実施すれば適用を受けられます。贈与・相続の実施までは先代経営者は代表者にとどまることができますので、考え直す余地があるということで先代経営者の抵抗を和らげることもできるでしょう。とにかく一歩踏み出すことが大切です。

02
特例措置はこのように活用できる

POINT
長い期間をかけずに後継者に株を集め、引き継ぎの後押しに

株式を後継者に集中しやすくなった

自社の株式は、代表者だけでなく複数の株主に分散していることがよくあります。つまり、複数の人が株式を分けて持っているということです。このように分散した株式を後継者に集めることが特例措置によってやりやすくなりました。

通常の場合、１人の人から年間１１０万円を超える贈与を受けると贈与税がかかります。そのため、後継者は納税資金を確保する必要があります。事業承継税制を使わない場合、単年度（1年）で全部の株式を後継者に贈与すると、贈与税の税率が50％や55％など非常に高くなってしまいます。そこで、毎年少しずつ長期間かけて贈与せざるをえません。そうすれば、贈与税は最低で10％程度の税率に抑えることができるからです。

事業承継税制を使えば、株式の贈与による後継者への集約を単年度で一気に進めること

ができます。しかし、一般措置では発行済株式数の3分の2までしか納税猶予ができませんから、全部の株式を非課税で移すことはできません。さらに、相続で移す場合には移行する株式の相続税の80％までしか納税猶予の対象になりません。

これに対して特例措置では、発行済株式の全部かつ贈与税・相続税とも100％が納税猶予の対象となり、制限がなくなりました。長期間の手間をかけることなく、後継者に一気に集めることが格段にしやすくなったのです。後継者に株式を集中させることによって引き継ぎやすくなる後押しができるようになりました。

最大3人の後継者に承継できるようになった

事業承継税制の一般措置では、1人の後継者への適用しか認められていません。しかし、複数の子に継がせたいという場合もあります。特例措置では最大3人の後継者まで納税猶予による株式の承継が認められます。

複数の後継者に適用する場合、株式の受贈者（後継者）は代表者（会社の代表権を持つ者）であることが条件なので全員を代表者にする必要があります。移行後、後継者各人が後継者以外の最大の株主より多く、後継者各人が全体の10％以上を持っていれば、後継者間の株式比率は均等でなくてもかまいません。例えば、後継者3人の場合、株主全体の株式比率が「後継者A40%、後継者B30%、後継者C10%、後継者以外の合計20%（うち最大株主9%）」という持株比率でもかまいません。

親族外への承継もやりやすくなった

子供がいなかったり、子供がいても子供が後継者になりたがらなかったりなどの場合は、生え抜きの従業員や外部からの招へいなど親族外の者を後継者とする場合もあります。税務面のメリットは直系親族に限られていましたので、おじ（伯父／叔父）・

［図表0-4］複数後継者の株式の持株比率の要件

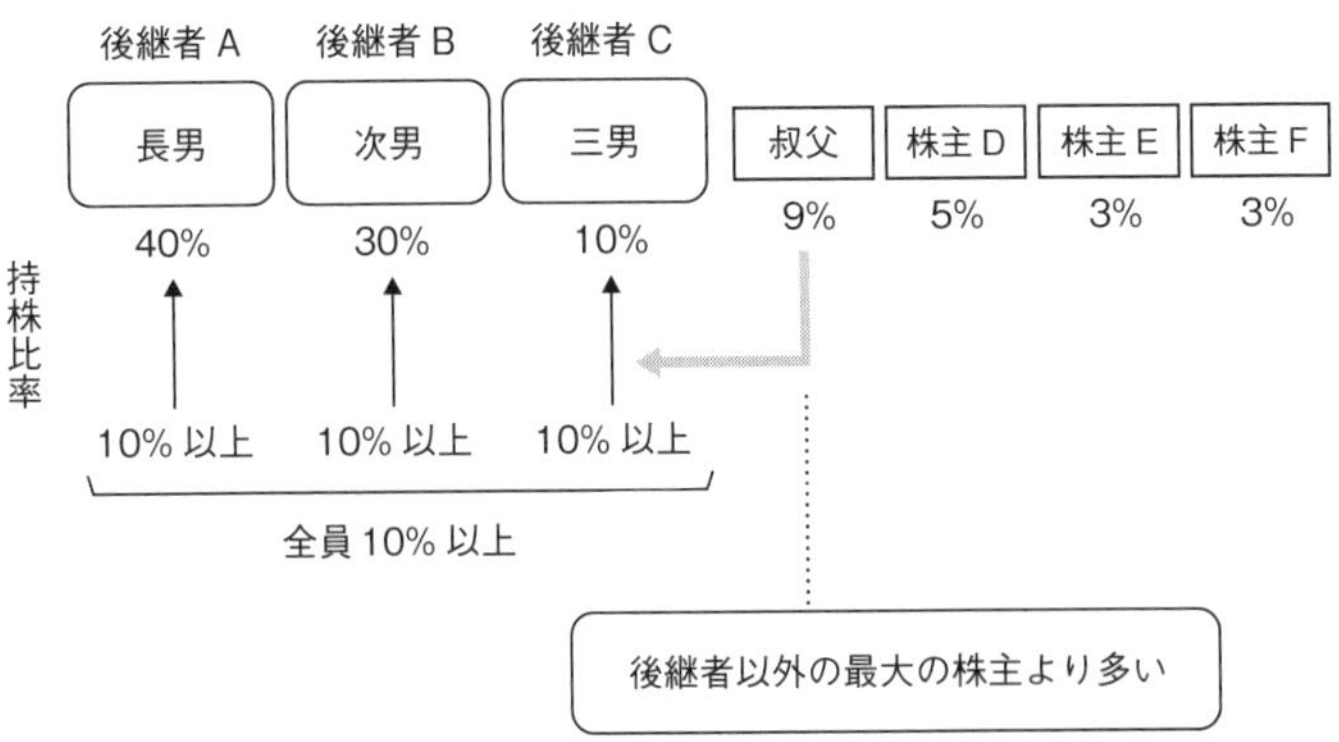

※ 叔父が仮に10%超だった場合には、三男は要件を満たさない

おば（伯母／叔母）、甥・姪なども対象外でした。

特例措置では、相続時精算課税が直系親族外の者への贈与でも使えるようになりました。相続時精算課税は、60歳以上の父母か祖父母から18歳以上の子供または孫への贈与が2500万円まで納税猶予され、相続時に贈与分が相続財産と合算されて相続税として課税されるものです。つまり、相続人となる直系親族しか利用することができず、事業承継税制でも同じです。そのため、直系親族外の後継者は事業承継税制の適用が取り消されたときには多額の贈与税の負担が生じます。

事業承継税制の特例措置では、直系親族以外の後継者でも相続時精算課税制度の適用が認められることになりました。これにより、直系親族以外の者でも後継者になりやすくなりました。一方で、相続人以外の後継者への贈与分も相続財産に加算されて相続税が計算されるので、後継者以外の事業承継税制のメリットのない相続人の負担が増すことになります。このため後継者以外の相続人への対応を配慮する必要があります。

雇用確保要件による取り消しリスクを気にする必要がなくなった

一般措置では、5年間で平均8割の雇用が維持できないと納税猶予が取り消されるリスクがあります。例えば、5000万円の株式を後継者に贈与すると贈与税は2050万円（暦年課税・特例贈与の場合）にもなります。事業承継税制を使えば贈与税の猶予を受けられるのですが、8割の雇用を切って取り消されてしまうとその時点で2050万円を納税しなければならなくなります。

このため、事業承継税制利用を躊躇させる大きな壁になっていましたが、特例措置では平均8割を下回っても経営悪化などの正当な理由があれば取り消しを回避でき、納税猶予を継続することができるようになりました。「正当な理由」はやむを得ない雇用減であれば基本的に認められるので実質的に撤廃されたといってよいでしょう。

さらに、事業承継後5年経過後に会社の解散など事業継続が困難な事態が生じたときは、特例措置では猶予されていた納税のうち一部の金額が免除されますので、廃業時などに多額の納税が生じるリスクも軽減されました。

事業承継税制および特例措置は、一定の要件を満たしていなければ使えません。自社が要件を満たしているかを確認する必要がありますので、活用の適否とともに、簡単な要件チェック項目を示しておきます。それぞれの要件の詳細は第1章以下の解説をご覧ください。

［図表0-5］事業承継税制（特例措置）の活用判断基準と要件チェック

	主な検討・確認事項	
自社は事業承継税制を活用するメリットがあるか	・経営者の株価総額が１億円を超えるか ・会社の純資産価額が５億円を超えるか	費用対効果でメリットが出る株価総額や純資産総額が必要
	経営者が代表権を返上できるか	事業承継税制は贈与前に先代経営者の代表権返上が条件
	6年以内に特例承継計画を提出できるか	特例措置を使うには2024年3月31日までに特例承継計画を提出することが必要
	10年以内に株式贈与できるか	特例措置を使うには2027年12月31日までに贈与・相続を実施することが必要
	後継者は5年以上経営を維持できるか	事業承継税制は、贈与・相続後5年間の株式保有継続義務がある（譲渡できない）

↓

自社は事業承継税制（特例措置）の適用要件を満たしているか	会社の要件を満たしているか	経営承継円滑化法の中小企業者で、一定の要件に該当することが必要
	後継者が18歳以上かつ役員就任3年以上か	贈与実施時点で後継者の年齢要件と役員就任期間を満たすことが必要（贈与の場合のみ）
	経営者が60歳以上か	相続時精算課税を適用して贈与する場合の年齢要件
	その他	持株比率（先代経営者、同族、後継者）の要件など

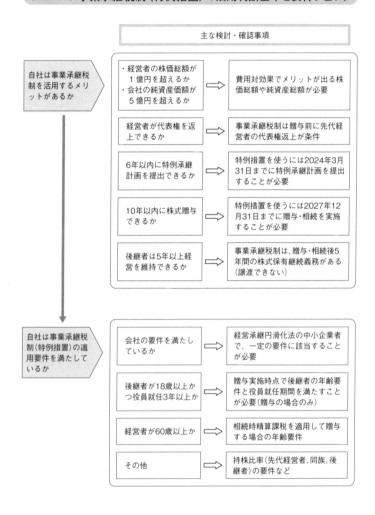

第1章

基本的な仕組みを理解しよう

この章では、まず今回の特例措置に関する
全体の流れをお話しするとともに、
代表的な4つの活用パターンなども例に出しながら、
どんな形で活用できるのかを見ていきます。

01

特例措置を活用する流れはこうなる

POINT

まずは利用の際の大まかな手順を押さえよう

今後10年の廃業急増に備えた特例措置の創設

中小企業の後継者問題の対策の一つとして注目されているのが、事業承継税制の特例措置による支援です。好調な景気が続いて倒産件数は減少しているにもかかわらず、後継者難による廃業が増加しつつあることが背景にあります。

中小企業庁によれば、２０１５年から25年までの10年間に引退年齢の70歳（実態）を超える中小企業経営者は約２４５万人で、そのうち半数の約１２７万人について後継者が決まっていないとのことです。このままでは、廃業の急増により、10年間累計で約６５０万人の雇用と約22兆円のＧＤＰ（国内総生産）が失われる可能性があるとの試算を中小企業庁は公表しました。

こうした現状から、後継者難を原因とする廃業をなくすために、09年に創設された事業承継税制をさらに強化する施策が打ち出されました。この10年間で集中的に成果を上げるため、18年に特例措置が27年までの期限付きで創設されたのです。18年12月末時点では、制度発足後間もないため、特例承継計画の提出事例は東京都で201件でしたが、19年以降はこれまでの一般措置と比べて大幅な増加が見込まれます。

特例措置は贈与と相続で活用できますが、期限があるため贈与で納税猶予を開始するのが基本であり、基本的な特例措置の活用手順は35ページのような流れになります。贈与の特例経営贈与承継期間終了後（5年経過後）から先代経営者の死亡による相続や後継者（2代目）の次代後継者（3代目）への贈与などにルールがあります。

手続きの前に自社の事業承継を検討する

事業承継税制を利用するためには、まず自社の事業承継の内容を明確にする必要があります。特例措置は24年3月31日までに特例計画を提出しなければなりませんから、自社の事業承継について検討する時間はそれほど残されていません。

事業承継税制の利用が自社にとって最適な対策とは限りません。総資産額や資産構成によっては事業承継税制を有効に使えない場合もありますし、M&A（合併・買収）のほうが良い場合もあります。

そのため、まずは自社にとって事業承継税制を活用するメリットがあるのかどうかから検討する必要があります。検討のポイントは、相続税をいかに圧縮できるかという視点です。主な検討項目としては、自社株の株価水準、株式以外も含めた資産総額と資産構成などです。特例措置（事業承継税制）の利用には一定の手間やコストがかかりますから、それに見合ったものでなくては意味がありません。

また、特例措置を利用するための会社や先代経営者、後継者、その他の基本的な適用要件も確認しておかなければなりません。

これらを確認して、特例措置の利用を決めたならば、特例承継計画の提出期限と贈与実施の期限を踏まえて経営承継スケジュールを立て、準備を進めていくことになります。

なお、特例承継計画の提出期限である24年3月31日までに発生した贈与・相続であれば、贈与後や相続後の特例承継計画の提出も認められます。このため相続が発生してから初めて事業承継税制（特例措置）の利用申請をすることも可能ですが、相続税の納税期限である「死亡日から10カ月」より早い8カ月以内に特例承継計画を提出して申請しなければなりませんので、時間的余裕もなく、本筋の利用法ではありません。

［図表1-1］事業承継税制の特例措置の基本的な活用手順（贈与による申請）

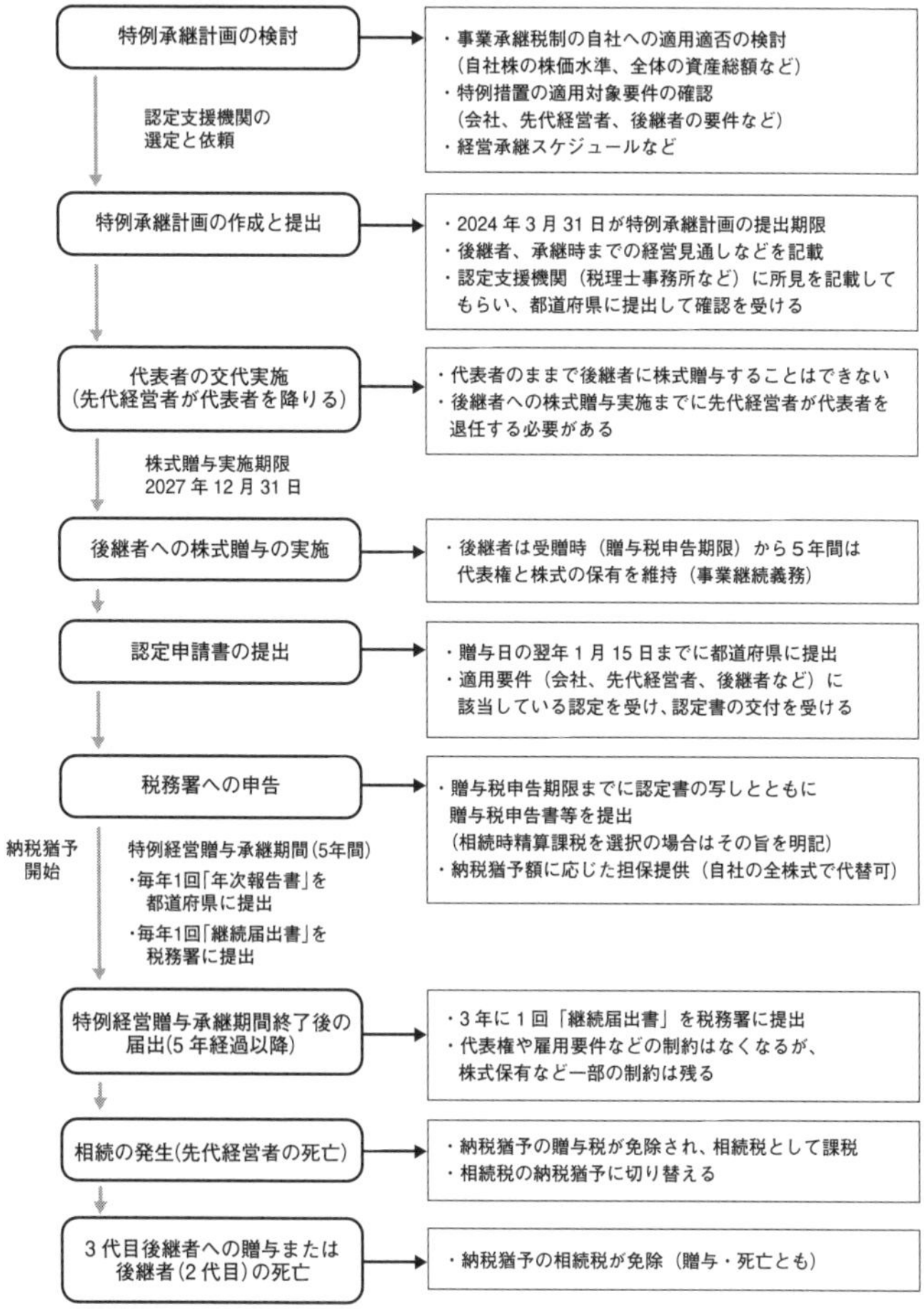

02

特例承継計画の作成から株式贈与の実施まで

POINT

期間が限られている中で特例措置を使えるよう準備する

特例承継計画の提出から手続きが始まる

事業承継税制の特例措置を利用する手続きは、特例承継計画の提出がスタートになります。一般措置の場合は提出不要ですが、特例措置の利用では必須となります。ここでは、特例措置の贈与の利用申請を軸に、流れを追って説明します。

一般措置が改正されて特例措置に変わったわけではありません。一般措置は恒久措置として存続し、10年間の期間限定で特例措置を選択できるということです。ただし、特例措置の内容は、すべての面で一般措置より有利ですから、特例期間中は特例措置を選択することになります。逆にいえば、特例措置を利用できる期間は限られていますから、特例措置を使えるように準備を進めていかなければなりません。

まず、特例措置を利用する前提として、特例承継計画の内容を検討しておく必要があります。自社株の株価水準（株価評価）や資産全体（総額・資産構成）の適否や特例措置の適用要件に該当しているかどうかなどです。特例措置の利用には会社・先代経営者・後継者などに適用要件が設けられています（詳細は第3章で解説）。

特例承継計画は2024年3月31日までに提出する必要があります。提出時点では実際の贈与や相続は行われていなくてもかまいません。しかし、27年12月31日までには贈与や相続を実施して承継を済ませていなければなりません。つまり、特例承継計画の提出期限と贈与や相続の実施期限の2段階の期限が守られなければならないのです。

また、実施期限までには、「代表者の交代」と「贈与または相続」の2つが完了していなければなりません。株式の贈与や相続が行われるだけでなく、代表者の交代も必要となることがポイントです。

特例承継計画の作成では認定支援機関の所見が必要

特例承継計画の確認申請書は、提出期限までに都道府県知事（実際は都税事務所や県税事務所など）に提出します。具体的な特例承継計画の記入項目は次ページの図のようなもので、それほど難しいものではありません。

[図表1-2] 特例承継計画の主な記入項目

〈【様式21】確認申請書（特例承継計画）の抜粋〉

1　会社について

主たる事業内容	
資本金額又は出資の総額	円
常時使用する従業員の数	人

2　特例代表者について

特例代表者の指名	
代表権の有無	□有　□無（退任日　年　月　日）

3　特例後継者について

特例後継者の氏名（1）	
特例後継者の氏名（2）	
特例後継者の氏名（3）	

4　特例代表者が有する株式等を特例後継者が取得するまでの期間における経営の計画について

株式を承継する時期（予定）	年　月　～　年　月
当該時期までの経営上の課題	
当該課題への対応	

5　特例後継者が株式等を承継した後5年間の経営計画

実施時期	具体的な実施内容
1年目	
2年目	
3年目	
4年目	
5年目	

認定経営革新等支援機関による所見等

1　認定経営革新等支援機関の名称等

認定経営革新等支援機関の名称	印
（機関が法人の場合）代表者の指名	
住所又は所在地	

2　指導・助言を行った年月日

年　月　日

3　認定経営革新等支援機関による指導・助言の内容

特例代表者とは株を譲渡する側（先代経営者）のことです。代表を退いていれば退任日を記入します。特例後継者は氏名のみを記入すればよいことになっています。特例後継者が株式を取得する（贈与／相続）までの経営計画は、株式を取得する時期だけでなく課題や対応も予定でかまいません。株式承継後5年間の経営計画も同様に予定を記入します。

提出にあたっては、認定支援機関（認定経営革新等支援機関）の所見記載が必要なので依頼する認定支援機関も選定する必要があります。認定支援機関とは、認定支援機関として国に登録している税理士事務所や金融機関、証券会社、商工会議所、商工会などです。特例措置を利用するときは、これら認定支援機関による所見等の記載が必須となります。自社の顧問税理士が認定支援機関に認定されていれば顧問税理士に依頼することもできます。

このように、特例承継計画の記入は難しいと思われがちですが、記入自体はそれほど大変ではありません。それよりも提出期限まで時間的余裕があまりないので、それまでに経営承継計画を練り上げることのほうが苦労を要するでしょう。

株式贈与時に都道府県の認定を受け、税務署に納税猶予を申請する

特例承継計画を提出しても、ただちに株式贈与を実行しなければならないわけではあり

ません。2027年12月31日までに行えばよいのです。後継者への株式贈与は、先代経営者が代表権を持ったまま行うことはできません。先代経営者は株式贈与時に代表者を退任していなければならないので、株式贈与の時期を遅らせるほど、長い期間、代表者にとどまることができます。

後継者への株式贈与時には、2つの手続きが必要となります。

まず、「都道府県への認定申請書の提出」です。特例措置の適用要件（会社、先代経営者、後継者など）を満たしていることの認定を受けるためです。提出期限は、贈与日の翌年1月15日です。認定されれば認定書が交付されます。

都道府県の認定を受けた後は、「税務署への贈与税申告書の提出」です。申告書には事業承継税制の特例制度の適用（贈与税の納税猶予）を受ける旨を記載します。申告書には、都道府県の認定書の写しを添付する必要があります。

また、贈与税の納税猶予額（利子税含む）に見合う担保も提供する必要があります。担保は不動産等でもいいのですが、自社の全株式を提供すれば担保提供として認められます。

贈与税申告書の提出は贈与日の翌年の2月1日から3月15日の間に行います。これが終了して初めて贈与税の納税猶予が始まるのです。

03 株式贈与実施後も納税猶予の継続手続きが必要

POINT
贈与後も引き続き制限のある点や継続に必要な手順を知っておく

贈与後や相続後5年間は、後継者は株式を処分できない

先代経営者から贈与や相続を受けた後継者は、5年間は代表者として株式を持ち続けなければなりません。

贈与時や相続時からの5年間を、事業承継税制では「経営承継期間」（特例措置の贈与は「特例経営贈与承継期間」、相続は「特例経営承継期間」と呼ぶ）といい、原則として後継者は代表者を退任したり、株式を売却したりすることはできません。

つまり、最低でも5年は事業を継続することが、事業承継税制の納税猶予を受ける条件だということです。経営継承期間は贈与の場合は贈与税の申告期限（3月15日）の翌日、相続の場合は相続税の申告期限（死亡日から10カ月後）の翌日から開始して5年間です。

経営承継期間中に後継者が代表者を退任するなど特例措置の適用要件に該当しなくなっ

た場合は、猶予されていた贈与税（相続税）と利子税の納付を求められます。適用要件の確認と判定は次に述べる都道府県に提出する年次報告書と税務署に提出する継続届出書によって行われます。

贈与の実行後は毎年1回の年次報告書を5年間提出

経営承継期間中は5年間、毎年1回、都道府県に年次報告書を提出しなければなりません。年次報告書は、特例措置の適用要件がきちんと維持されているかどうかをチェックするためのものです。適用要件に該当しなくなった場合は納付猶予期限が確定（つまり納付猶予が終了）してしまい、猶予されていた贈与税（相続税）を利子税と併せて2カ月以内に納付しなければなりません。

さらに、毎年1回、税務署に継続届出書を提出しなければなりません。継続届出書を提出しなかった場合には、継続届出書の届出期限の翌日から2カ月以内に、猶予されていた贈与税（相続税）を利子税と併せて納付しなければなりません。

このように、経営承継期間中（5年間）は都道府県への年次報告書と税務署への継続届出書を毎年1回それぞれ提出することによって納税猶予を続けることができます。

5年経過後は税務署に3年に1回の届出で納税猶予を継続できる

特例経営贈与承継期間（特例経営承継期間）の5年が経過すると3年に1回、税務署に継続届出書を提出することにより、贈与税（相続税）の納税猶予を継続することができます。都道府県への年次報告は不要になります。

特例経営贈与承継期間（特例経営承継期間）中の適用要件のうち、従業員の8割雇用維持、後継者の代表者退任禁止などの制限はなくなります。ただし、株式の売却禁止や資産管理会社でないことなど一部の制限は引き続き適用されますので、贈与税（相続税）納税猶予を維持するためには、一定の制限事項も維持していく必要があります。

贈与税の納税猶予を継続中に、先代経営者の死亡により相続が発生した場合には、相続発生時点で、納税猶予されていた贈与税が免除になります。ただし、納税猶予の対象となっていた自社株式は先代経営者の相続財産として相続税が課税されます。

しかし、特例措置の相続の適用に選択を切り替えれば相続税の納税猶予として継続できます。この場合、特例経営贈与承継期間の5年経過後の相続であれば、3年に1回の税務署への継続届出書で継続できます。つまり、経営承継期間は贈与のときか相続のときのどちらか一度に適用されます。なお5年経過前に相続が発生した場合は5年に達するまで経営承継期間となります。

3代目後継者にスライド適用できる

2代目後継者が3代目後継者に贈与したとき（免除対象贈与に該当するとき）は、納税猶予されていた先代経営者（初代）の贈与税（相続発生後であれば相続税）のうち一定の金額が免除になります。贈与を受けた3代目後継者は贈与税の納税猶予を受けられます。手続きは2代目後継者のときと同じです。ただし、特例措置の期限内に実施できなければ特例措置を使うことはできません。

04 特例措置のさまざまな活用パターン

POINT

4つのパターンで代表的な活用方法を理解する

後継者への贈与から先代経営者の死亡で相続税猶予に切り替えるケース

特例措置の活用法にはさまざまなパターンがあり、先代経営者や後継者の死亡時期によっても変わってきます。まず、いちばん一般的なパターンから見てみましょう。

先代経営者が後継者に贈与して、経営承継期間（特例経営贈与承継期間）の5年経過後に先代経営者が死亡し、相続税納税猶予に切り替えるケースです。全体の流れは次ページの図のようになります。

事例では、まず父親である先代経営者（代表取締役社長）が元気なうちに息子への経営承継の検討を開始します。先代経営者の年齢は若くてもかまいませんが、相続時精算課税を選択したい場合には60歳以上でなければなりません。ここでは、先代経営者64歳、後継者（息子）32歳としました。

[図表1-3] 事業承継税制の活用パターン①（後継者への贈与のケース）

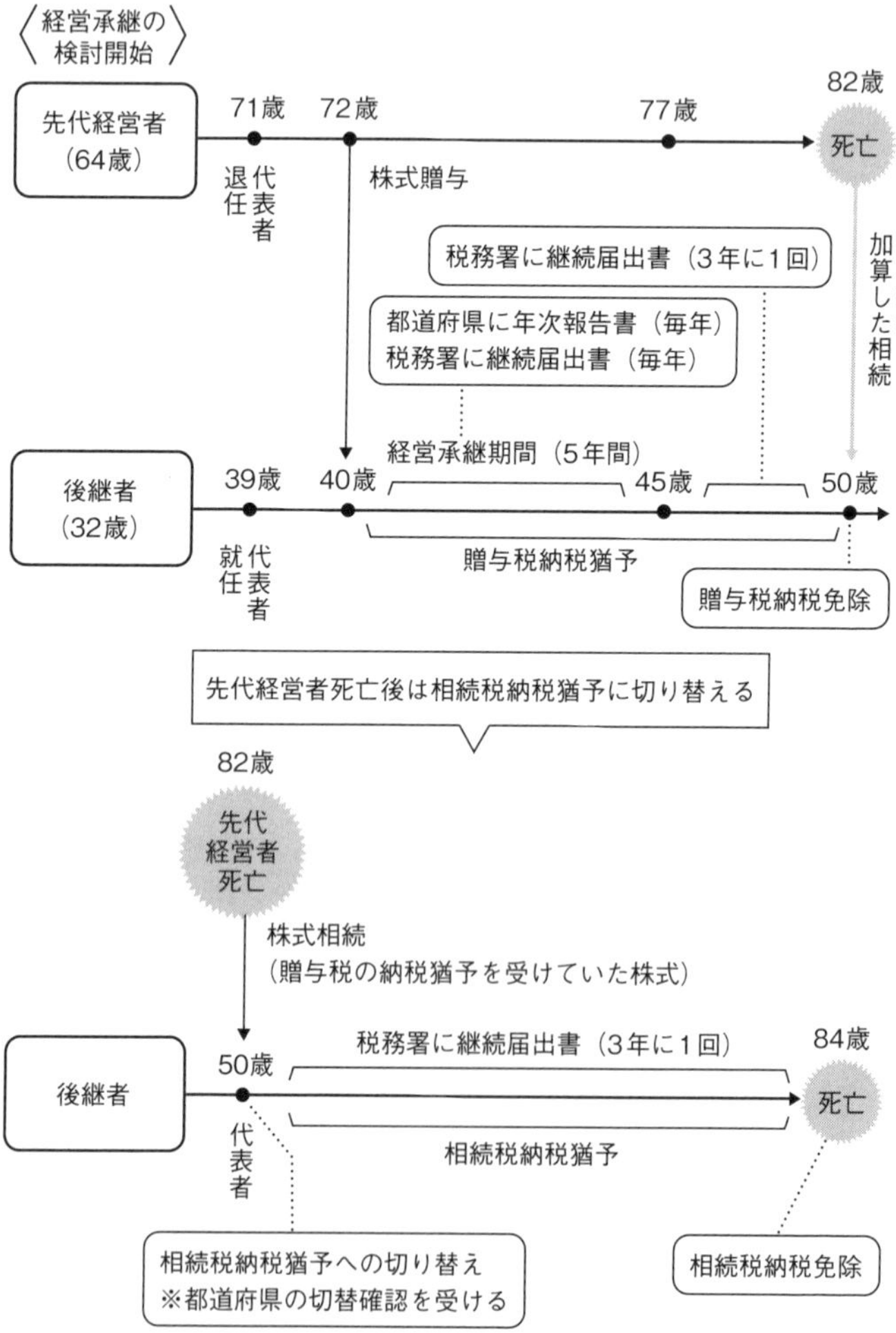

息子はまだ若いので、経営の承継は特例措置の期限にぎりぎり間に合う8年後（先代経営者は72歳）とし、その間は息子を代表権のない専務取締役に昇格させ、経営者としての教育をすることにしました。

経営承継の大まかな骨子と事業承継税制の適用要件を確認した後、特例措置を受けるために特例承継計画を提出期限である2024年3月31日までに提出します。提出後も最終的な舵取りを先代経営者が行うため、70歳まで代表権を維持し、71歳のときに代表者を退任し、代表権のない相談役となりました。後継者である息子が39歳で代表取締役社長となり、1年後に先代経営者が所有していた自社株式の全株を贈与されました。先代経営者72歳、後継者（息子）40歳でした。

株式贈与時点での特例措置の適用要件のポイントは、「株式贈与が27年12月31日までに行われること」と「先代経営者が代表者でないこと」「後継者が代表者であること」です。また、後継者の代表者就任は直前でかまいませんが、株式贈与を受ける時点で役員就任から3年以上経過していなければなりません。

株式贈与後から贈与税の猶予期間が始まりますが、5年間は特例経営贈与承継期間として後継者による事業継続が求められます。新代表者（後継者）は代表者を退任したり、株式を売却したりすることはできません。毎年、都道府県への年次報告書と税務署への継続届出書の提出が必要です。この5年以内に後継者が代表者から退任するなど適用要件から外れると贈与税の納税猶予が終了し、贈与税を納めなければならなくなります。なお、特例措置では会社の倒産など一定の事由がある場合は贈与税が免除になります。

特例経営贈与承継期間の終了後は、都道府県への年次報告書は不要となり、3年に1回、継続届出書を税務署に提出すれば、納税猶予を継続できます。特例経営贈与承継期間の適用要件は緩和され、株式保有の継続（売却しない）など一部の制限に抵触しなければ、納税猶予を継続できます。

このようにして、後継者の贈与税納税猶予は先代経営者が死亡するまで続きます。事例では、後継者が45歳（先代経営者77歳）のときに特例経営贈与承継期間が終了しますので、以後、先代経営者の死亡まで後継者の贈与税の納税猶予は続きます。先代経営者が死亡すると、後継者に納税猶予されていた贈与税が免除になります。同時に先代経営者の相続が発生します。事例では先代経営者が82歳で死亡し、後継者が50歳で相続人となり、納税猶予されていた贈与税はここで免除になります。しかし、今度は先代経営者の死亡時点の財産に、納税猶予されていた贈与株式が加算されて、相続税が発生します。

そのままだと相続税を納税しなければなりませんが、贈与された株式については相続税の納税猶予に切り替えることができます。相続税への切り替え後も納税猶予を維持するためには3年に1回、税務署に継続届出書を提出し続ける必要があります。事例でも、後継者が相続税納税猶予に切り替えて84歳で死亡するまで事業を継続しています。後継者が死亡した時点で、猶予されていた相続税は納税免除になります。以上のように、最終的には非課税で株式を承継することができます。

なお、後述するように、実際には後継者の在任中に次の世代の後継者（3代目）に贈与していくことになります。手続きは2代目のときと同じですが、特例措置の期限後もしくは特例措置が延長されなければ、一般措置による事業承継になります。

先代経営者の死亡により、相続で利用するケース

次は、贈与を使わずに、相続が発生した時点で事業承継税制を利用するケースです。特例措置では期限があるため、２０２４年3月31日までに特例承継計画を提出し、27年12月までに相続が発生（先代経営者の死亡）した場合に検討できます。

相続の発生は時期を予測できないため、特例措置で最初から相続を選択するのは困難で

あり、レアケースでしょう。ただ、期限のない一般措置ではこれまで相続税での利用もかなりあります。

前述の事例で、贈与を行わないまま、先代経営者が70歳で死亡した場合で考えてみましょう。相続が特例承継計画の提出期限前であれば、相続発生後に特例承継計画を提出して、相続による特例措置を利用することができます。主な流れは下の図のとおりです。

相続のときも、贈与の納税猶予のときと基本的には同じ流れになります。ただ、相続の発生（死亡日）から8カ月以内に特例承継計画を提出しなければなりませんし、後継者は先代経営者の死亡日に役員（先代

［図表1-4］事業承継税制の活用パターン②
（後継者への相続のケース）

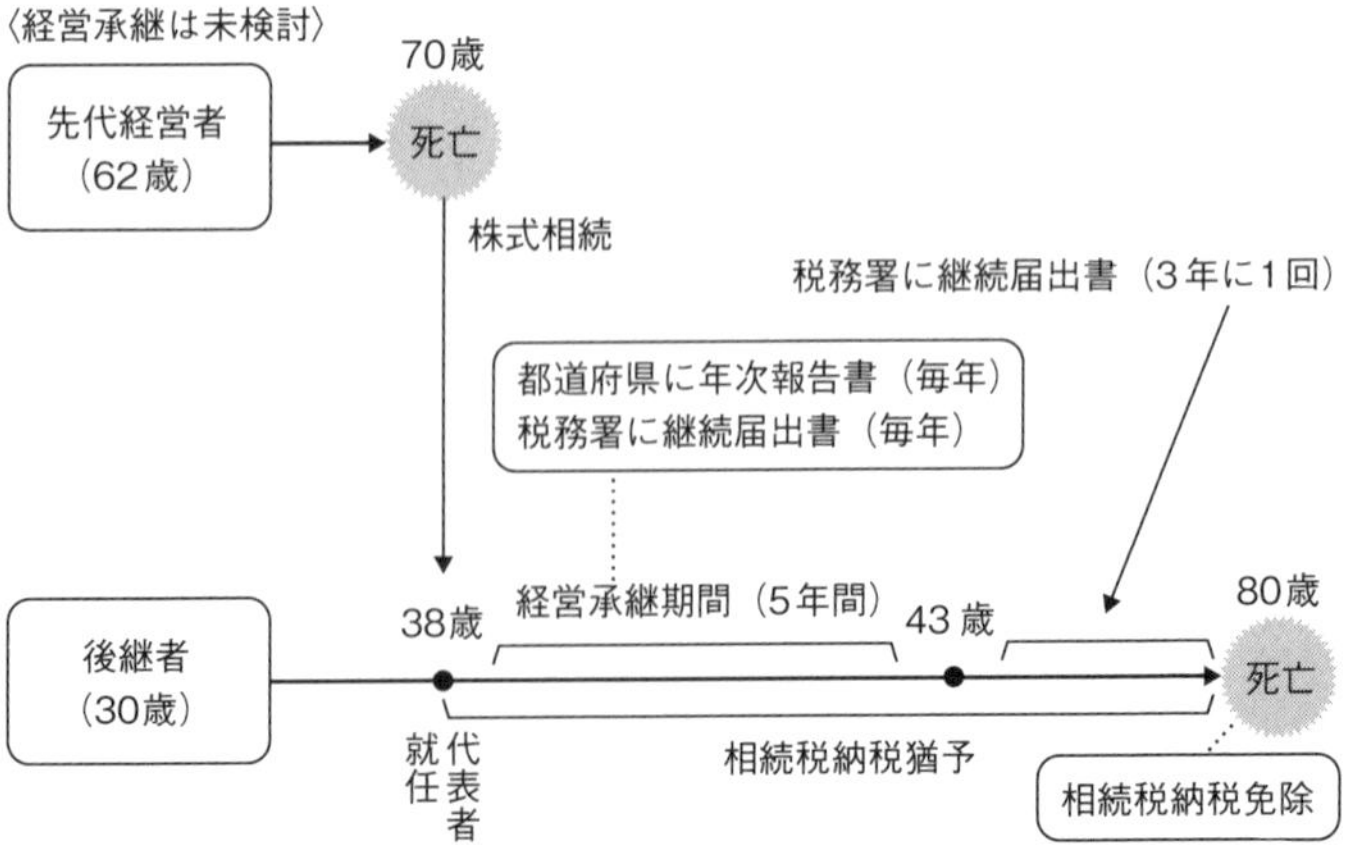

経営者が60歳以上の場合）でなければなりません。さらに後継者が代表権を有してない場合、先代経営者の死亡日翌日から5カ月以内に代表者に就任する必要があります。

このように、経営承継が未検討の場合は通常の相続手続きと併せて検討し、手続きをしなければならないので、期間的にかなりの忙しさがあります。

手続きが完了すれば、5年間の経営承継期間を経て、3年に1回の税務署への継続届出書の提出によって納税猶予を維持し、後継者の死亡によって相続税が納税免除になります。経営承継期間や経営承継期間経過後の適用要件などは贈与税の納税猶予と同じです。

また、相続税納税猶予期間中に次代の後継者（3代目）に贈与することも可能です。

経営承継期間中に先代経営者が死亡したケース

経営承継期間中に先代経営者が死亡した場合は、次ページの図のようになります。事例では、先代経営者が特例経営贈与継承期間中の75歳で死亡したとします。

先代経営者の死亡時点で贈与税が納税免除になり、相続税の納税猶予に切り替わる点では、特例経営贈与継承期間経過後の手続きと同じです。しかし、経営承継期間の5年間が経過していないので、残りの2年間は経営承継期間が続きます。つまり、経営承継期間はあくまでも5年間必要だということです。

この事例では、後継者が贈与を受けた40歳から先代経営者が死亡する43歳までの3年間が「特例経営贈与継承期間」、45歳までの2年間が「特例経営承継期間」になります。適用要件はどちらも同じです。

後継者が45歳になると、経営継承期間の5年が経過しますので、それ以降は3年に1回、税務署に継続届出書を提出し、後継者の死亡によって相続税の納税免除となるのは前述の事例と同じです。つまり、「経営承継期間が贈与と相続にまたがる」という点だけの違いです。

[図表1-5] 事業承継税制の活用パターン③（経営承継期間中に先代経営者が死亡したケース）

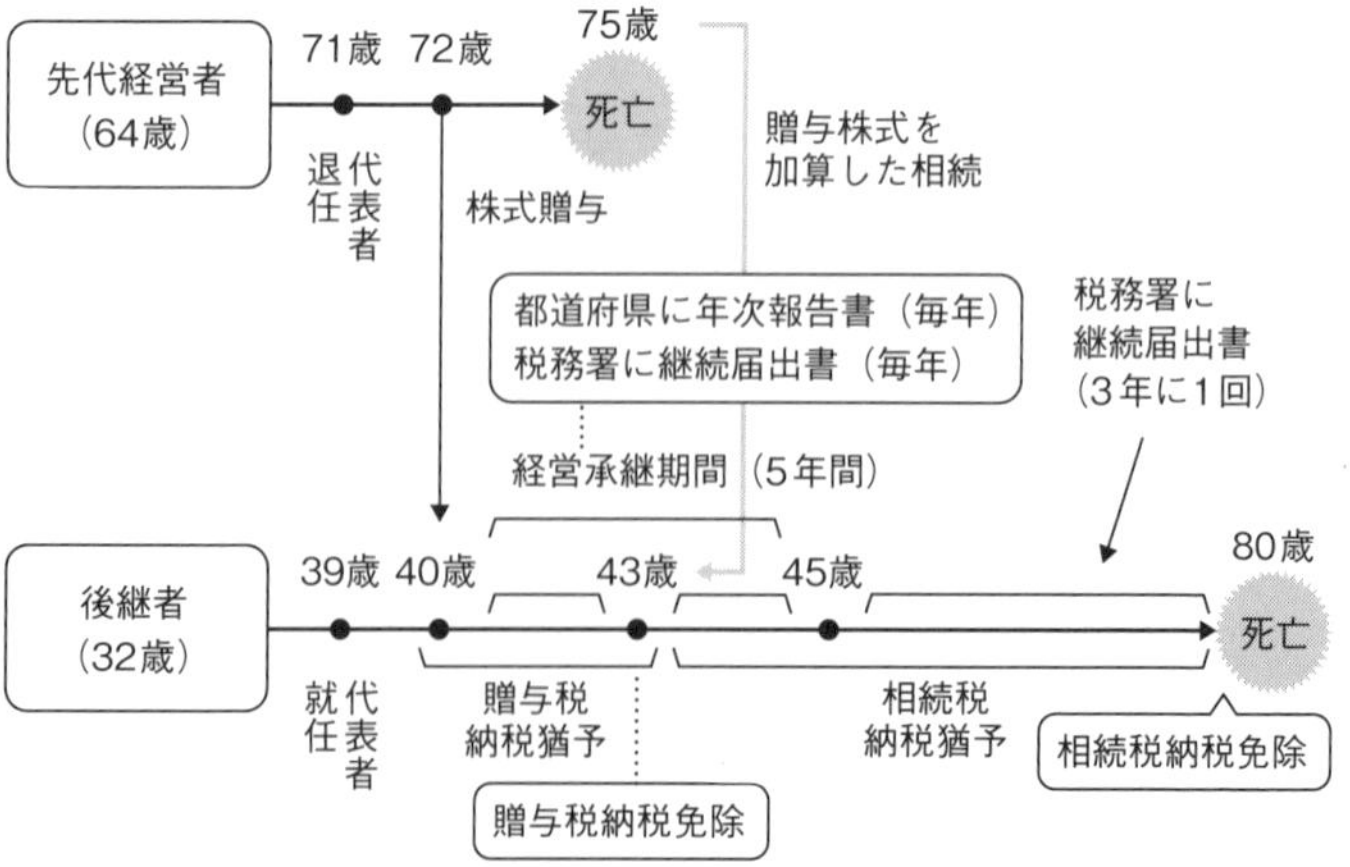

[図表1-6] 事業承継税制の活用パターン④（後継者から次代後継者贈与のケース）

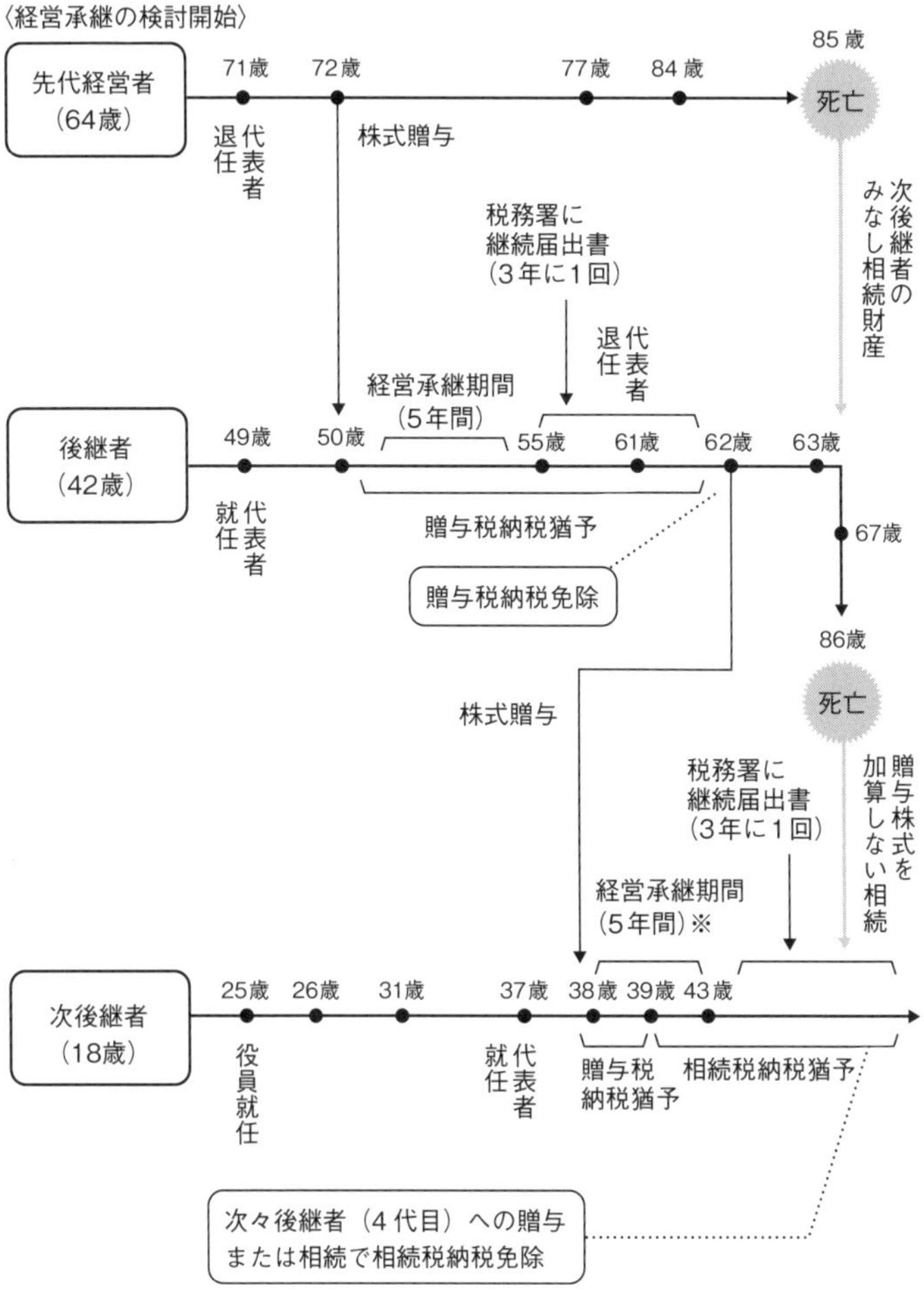

※ 制度が続いている場合を前提とする

05

贈与税は暦年課税と相続時精算課税のどちらにすべきか

POINT

2つの課税方式のメリットとデメリットを押さえる

相続時精算課税は選択制度

贈与税の課税方式には、暦年課税と相続時精算課税の2つの方式があり、事業承継税制の株式贈与でも基本的に同じです。暦年課税と相続時精算課税の違いは、次ページの表のとおりです。参考までに贈与税と相続税の税率も56ページに紹介しておきます。

基本の課税方式は暦年課税で、贈与者（贈与する者）や受贈者（贈与を受ける者）に特段の制約はありません。相続時精算課税は、贈与者は「60歳以上の父母または祖父母」に限られます。また、受贈者は「子供（養子含む）か孫」に限られ、いずれも18歳以上でなければなりません。つまり、相続時精算課税は、一定の直系親族間でしか利用できませんが、特例的に事業承継税制の特例措置を使う場合は、直系親族以外の親族や血縁のない第三者でも利用が可能になっています。なお、年齢は贈与の年の1月1日時点の満年齢で判

［図表1-7］贈与税の暦年課税と相続時精算課税の比較

	暦年課税	相続時精算課税
贈与者	制限なし（第三者も可）	60歳以上の父母または祖父母
受贈者	制限なし（第三者も可）	18歳以上の子供や孫 ※事業承継税制の特例措置では18歳以上の第三者も可
非課税枠	受贈者1人につき年間110万円	受贈者1人につき2,500万円（複数年にまたがって可）
税率	110万円超過分に対し累進税率（10%～55%）	2,500万円超過分に対し一律20%
相続時（贈与者の死亡時）	死亡時の3年前までの贈与分（贈与時の価格）を他の相続財産に加算して相続税課税 ※ただし、事業承継税制では3年分より前の分も含めて相続財産に加算	死亡時に贈与分全額（贈与時の価格）を他の相続財産に加算して相続税課税 ※超過分で納税した贈与税が相続税額を超える場合は超過分の贈与税は還付
選択の届出	不要	贈与を受けた翌年の2月1日から3月15日までに相続時精算課税選択届出書を税務署に提出
選択の切り替え	いつでも可	一度選択すると暦年課税に切り替えることはできない（贈与者に複数の受贈者がいる場合、受贈者ごとに選択可能）
申告	非課税枠内（年間110万円以下）であれば申告不要	贈与があった年は金額にかかわらず、そのつど申告

定します。

暦年課税の場合は、利用するための届出は必要ありませんが、相続時精算課税を選択する場合には、贈与を受けた翌年の2月1日から3月15日までに税務署に相続時精算課税選択届出書の提出が必要です。

暦年課税は年間110万円まで非課税

暦年課税では、受贈者1人につき年間110万円までの贈与が非課税となります（基礎控除）。父親と祖父からなど複数から贈与を受ける場合も、受贈者の基礎控除（非課税額）は贈与額合計で年間110万円までです。

［図表1-8］贈与税と相続税の税率

〈贈与税〉特例税率

課税価格	税率	控除額
200万円以下	10%	なし
400万円以下	15%	10万円
600万円以下	20%	30万円
1,000万円以下	30%	90万円
1,500万円以下	40%	190万円
3,000万円以下	45%	265万円
4,500万円以下	50%	415万円
4,500万円超	55%	640万円

※相続時精算課税は2,500万円超過分に一律20%
※特例税率は一定の直系親族間の贈与のみ使用できる優遇税率（それ以外の一般税率も含め177ページ参照）

〈相続税〉

課税価格	税率	控除額
1,000万円以下	10%	なし
3,000万円以下	15%	50万円
5,000万円以下	20%	200万円
1億円以下	30%	700万円
2億円以下	40%	1,700万円
3億円以下	45%	2,700万円
6億円以下	50%	4,200万円
6億円超	55%	7,200万円

上表で相続税の課税価格は、法定相続分に対する各相続人の取得金額。取得金額から計算した相続人の相続税額を実際の相続比率で再配分したものが各相続人の相続税額となる

一方、父親が複数の子供に贈与するなど、贈与者が複数の受贈者に贈与する場合には、受贈者1人につき年間110万円まで非課税となります。例えば、父親が3人の子供に贈与する場合は、子供1人につき110万円ずつ合計330万円まで非課税になります。

注意したいのは、相続が発生すると、相続発生前3年以内の贈与財産は相続財産として他の相続財産と合算され、相続税がかかってくることです。

例えば、10年間、毎年110万円ずつ子供に贈与していた父親が死亡した場合、直近3年間の330万円は相続財産となります。死亡時の父親の遺産が5000万円であったとすれば、過去3年の330万円を加えた5330万円が父親の相続財産となります。相続税が発生する場合には、税額が高くなってしまいます。

相続時精算課税は通算2500万円まで非課税

相続時精算課税は、選択した最初の贈与から相続が発生するまでの通算で受贈者1人につき2500万円までの贈与が非課税になります。

暦年課税は1年ごとに区切っていきますが、相続時精算課税では複数年に分けて2500万円までは非課税で贈与することができます。しかし、1回で多額の贈与が可能なので、子供や孫への教育資金や住宅資金など、まとまった額の贈与をしたいときに向いています。

相続時精算課税は、贈与者が死亡（相続の発生）した段階で相続財産に贈与額が加算されて相続税が計算されます。例えば、贈与者の相続財産が５０００万円で、相続時精算課税による贈与が２５００万円であれば７５００万円の相続財産として相続税が計算されます。相続時には株式などの評価額は贈与時の価格で加算されます。

相続時精算課税による贈与が２５００万円を超えた後は、贈与の年ごとに贈与額の一律20％の贈与税を納付します。なお、相続時には２５００万円を超えた分も含む全額が相続財産に加算されますので、相続税との二重課税にならないように納付済みの贈与税額は相続税額から差し引くことができます。

暦年課税では非課税枠内の年間１１０万円以下なら申告不要ですが、、相続時精算課税では、金額がいくら少なくても贈与のあった年は税務署への申告が必要です。なお、暦年課税から相続時精算課税に切り替えることはできますが、相続時精算課税をいったん選択すると、暦年課税に切り替えることはできません。

事業承継税制では相続時精算課税の選択が有利

事業承継税制の贈与では多くの場合、相続時精算課税を選択したほうが有利になります。もし適用要件から外れて納税猶予が取り消された場合、贈与税を納付しなければならなくなるからです。暦年課税は累進課税（10%～55%）なので贈与額が大きいほど高額になります。相続時精算課税を選択している場合は相続時精算課税の税率（一律20%）で課税されるため、贈与額が高額な場合は暦年課税より税額を抑えることができます。

次に、贈与税の納税猶予を維持したまま相続が発生（先代経営者の死亡）した場合、納税猶予の贈与税は免除になりますが、贈与財産が相続財産に加算されて相続税が発生します。通常の暦年課税は過去3年分の贈与額が対象ですが、事業承継税制の場合、暦年課税で納付猶予されていた贈与財産は3年より前の分も含めて全額が相続財産に加算されてしまいます。

そう考えると、相続時に加算される相続財産については、暦年課税でも相続時精算課税でも差はありません。

特例措置では直系親族以外の親族や第三者でも相続時精算課税の適用が受けられるため、後継者が誰であっても相続時精算課税を選択することが可能です。ぜひ利用することをお勧めします。

06 総合的な観点から事業承継税制を検討する

POINT
事業承継税制の利用がいつも正解とは限らない

事業承継税制と組み合わせた効果もある

実は事業承継税制の検討においては、事業承継税制だけで考えていると、思わぬ「落とし穴」もあります。特例措置の特例計画の申請書を書くことばかりに目を奪われていてはいけません。事業承継税制以外の対策も含めた総合的な観点から検討していく必要があります。

自社株の株価を評価して相続税額を把握しなければなりませんから、税金を全体的にきちんと把握できる専門家はもちろんですが、法律問題に詳しい専門家も必要です。

そのことを理解するために、総合対策が必要とされる事例を紹介しましょう。売上高15億円の中小製造業で、代表取締役が父親で長男と長女の2人の子供がいて、後継者は長男でした。父親は会社の株式以外に、本社の土地と自宅の土地の2つの不動産を所有していました。

　父親は、株式と本社の土地は後継者の長男、自宅の土地は長女に相続する予定でした。株式の相続税評価額は1億円、不動産の評価は本社3億円、自宅1億円で、資産総額は約5億円です。

　そのままでは、約1億5000万円の相続税がかかります。ここでは、どのような相続税対策を提案することが有効なのでしょうか。

　事業承継税制を使えば、自社株式を非課税にすることができますが、土地には使えないので、相続税は約1億4200万円までしか圧縮できません。しかし、本社の土地に建物を建て替えることで、相続税評価

［図表1-9］事業承継と土地への建物建築の併用で相続税を圧縮

		対策前	事業承継税制のみ	建物の建築併用策
自社株式（長男）	相続税評価額	1億円	0円	0円
本社土地（長男）	相続税評価額	3億円	3億円	0円
自宅土地（長女）	相続税評価額	1億円	1億円	1億円
相続税		約1億5,000万円	約1億4,200万円	約2,500万円

を圧縮して実質非課税にすることができ、相続税を約2500万円まで大幅に圧縮することが可能となります。

ここで事業承継税制のことだけを考えていると、確かに株式は非課税にできますが、全体の相続税圧縮のためには、土地の税制も考えないと最適解にはならないのです。

遺言書や遺留分対策も必要

相続税圧縮だけでなく、財産分割のやり方によっては、相続が〝争族〟になってしまうこともありますので、法律面や親族間の納得性を踏まえた検討も必要です。特に、遺言書と遺留分対策は重要です。

なお、遺言書と遺留分については、第6章で詳しく説明します。

第2章

特例措置を利用するための適用要件とは

今回の制度を利用するためには、
会社や贈与者・後継者などが
一定の要件に当てはまっていなければいけません。
ここではその適用要件について解きほぐします。

01

会社の要件

POINT

規模以外にも
さまざまな要件がある

事業承継税制の対象となるのは一定の中小企業

非上場の中小企業であれば、事業承継税制を利用できるわけではありません。事業承継税制を使えるのは、経営承継円滑化法に定める中小企業者に該当する企業のうち一定の要件に該当する中小企業です。

同法の中小企業者とは次ページ上表の企業であり、一定の要件とは下表のようなものです。中小企業といっても、業種によっては資本金3億円、従業員も900名まで対象となりますから、かなり大きな会社も対象になることがわかります。ただし、上場株式は適用を受けられないので、上場会社は事業承継税制の対象になりません。また、従業員が1名以上いることも必要であり、いわゆる名前だけの会社は対象になりません。

事業承継税制の対象は資本金や従業員数など会社の規模がベースになりますが、規模以

[図表2-1] 経営承継円滑化法に定める中小企業者

業種	どちらかを満たす（資本金、従業員）	
	資本金	従業員数
製造業、その他業種（卸売業、小売業、サービス業を除く）	3億円以下	300人以下
ゴム製品製造業 ※自動車または航空機タイヤおよびチューブ製造業ならびに工業用ベルト製造業を除く	3億円以下	900人以下
卸売業	1億円以下	100人以下
小売業	5,000万円以下	50人以下
サービス業	5,000万円以下	100人以下
旅館業	5,000万円以下	200人以下
ソフトウェア業または情報処理サービス業	3億円以下	300人以下

[図表2-2] 事業承継税制の適用対象となる中小企業の要件

要件項目	内容	補足
中小企業者	経営継承円滑化法に規定する中小企業者であること	上記の要件を満たした会社
非上場会社	上場会社でないこと	上場会社は適用対象にならない
風俗営業	風俗営業会社に該当しないこと	必ずしも風俗営業法に規定する会社ではない（パチンコ店などは除外されない）
資産管理会社	資産管理会社に該当しないこと ※資産管理会社とは、資産保有型会社（有価証券、自社で使用していない不動産、現預金等の特定資産の保有割合が帳簿価額総額の70%以上の会社）または資産運用型会社（前記のような特定資産からの運用収入が総収入額の75%以上の会社）のこと	資産管理会社でも、①従業員が5名以上、②事務所を所有または賃借、③商品販売等を3年以上行っていることのすべてを満たしていれば事業実態があるとみなされ適用対象となる
従業員数	従業員が1名以上いること	資産管理会社以外の場合

外の要件もあります。例えば、風俗営業会社は事業承継税制の適用ができません。ただし、風俗営業会社とは風俗営業法に規定されている会社という意味ではなく、主に性風俗店を指します。パチンコ店などは事業承継税制の対象になります。

また、資産管理会社に該当すると適用になりませんが、一定の要件を満たしていると適用になります。

資産管理会社に該当するケースは意外と多い

資産管理会社というのは、事業活動というより、資産から得られる収入を目的としている会社のことをいいます。対象となる「特定資産」とは、経営承継円滑化法施行規則に定められており、有価証券（株式や債券など）、不動産（自社で使用していないもの）、現預金などです。

要するに、不動産の家賃収入や株式の配当、預金の利息などで成り立っている会社は、事業実態がない場合には、事業承継税制の支援から除外されているのです。ただし、資産管理会社でも、不動産会社の事業や商品販売を行っているといった事業実態があれば事業承継税制の適用対象となります。基準としては、①従業員が5名以上、②事業活動を行う事務所を所有または賃借している、③商品販売等を3年以上継続して行っている、のいずれも満たしていることです。

この「5名の従業員」については、後継者（受贈者または相続人）および後継者と生計を一にする親族は除かれます。

また、資産管理会社に該当しなくても、従業員が最低1名いないと事業承継税制の適用は受けられません。従業員がいなければ、事業実態がないとみなされるからです。

「商品販売等」には、不動産業のように資産の貸し付けやサービスの提供も含まれますが、後継者（受贈者または相続人）に対する貸し付け等や同族関係者に対する貸し付け等は除かれます。

［図表2-3］資産管理会社の対象から除外される基準

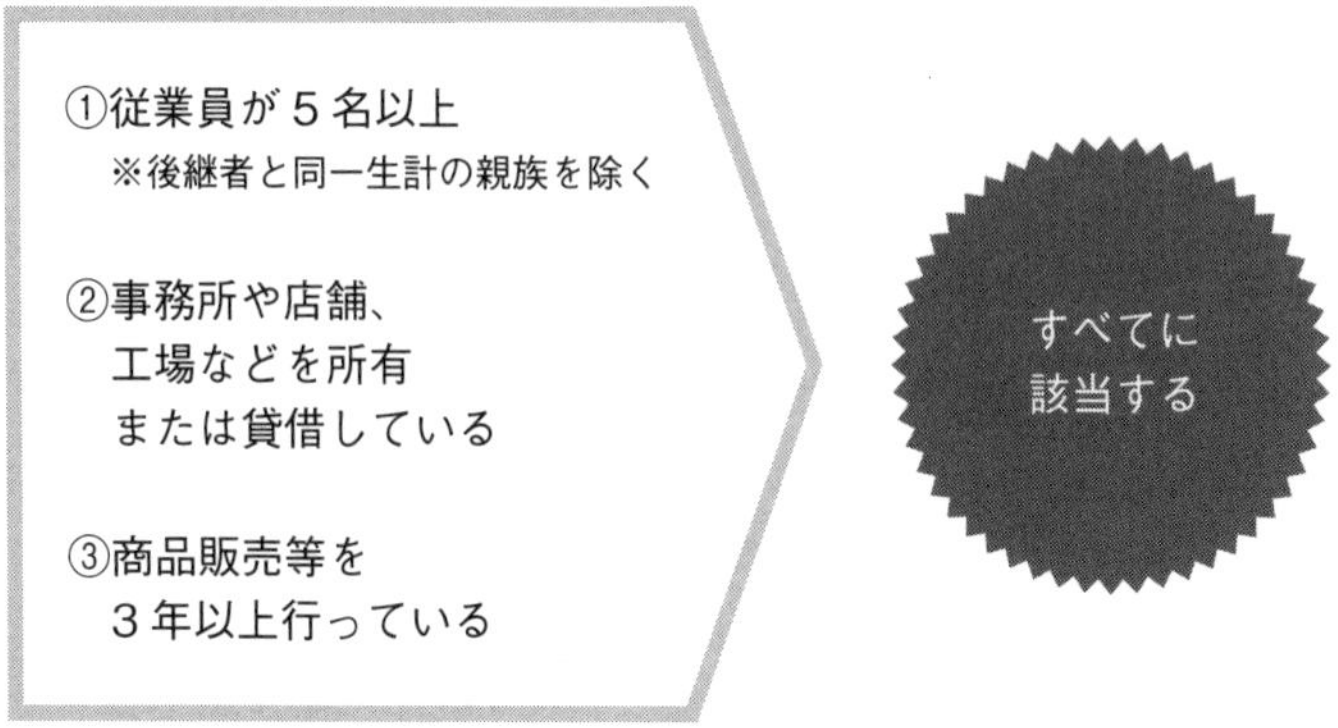
①従業員が５名以上
※後継者と同一生計の親族を除く
②事務所や店舗、工場などを所有または賃借している
③商品販売等を３年以上行っている
すべてに該当する

このように、いわゆる資産管理会社に該当してしまうと、事業承継税制の対象になりません。対象となる「特定資産」には有価証券（資産管理会社に該当する子会社の株式を含む）や不動産（自社で使用していないもの）だけでなく、現預金、ゴルフ会員権等、絵画・貴金属等、同族関係者への貸付金等まで含まれるため、該当するケースは意外とあります。これら特定資産の保有割合が帳簿価額の総額の70％以上の会社（資産保有型会社）や、これらの特定資産からの運用収入が総収入額の75％以上の会社（資産運用型会社）は資産管理会社に該当します。事業実態のない会社は納税してもらうという法律の趣旨です。

なお、経営承継期間（贈与、相続）中だけでなく、5年経過後も納税猶予が継続する間は、資産管理会社に該当すると納税猶予が取り消しになるので注意が必要です。

売上や従業員に関する規定

事業を行っている以上、売上が計上されていることが必要です。「後継者へ株式譲渡（贈与または相続）する直前事業年度以降の各事業年度の総収入額」がゼロより多くないと、事業承継税制の適用を受けることはできません。収入額には営業外利益と特別利益は含まないので、利息だけの収入があっても、売上が計上されていないと、事業活動をしているとはみなされません。

なお、経営承継期間（贈与または相続）中だけでなく、5年経過後も納税猶予が継続する間は、売上がなくなると納税猶予が取り消しになります。

また、事業承継税制が適用されるためには、従業員が1人以上いることが必要です。従業員は社会保険に加入している従業員であればよく、生計が別であれば親族でもかまいません。75歳以上の場合は社会保険に加入できませんが、2カ月以上の雇用契約があれば認められます。

後継者以外の株主が拒否権付株式を持っていると適用されない

その他の要件として、後継者以外の株主が拒否権付株式（黄金株）を保有している会社は、事業承継税制の適用ができなくなります。後継者の意思決定に拒否権を発動できるので、後継者の経営権に影響を与えるためです。

02 贈与者（先代経営者等）の要件

POINT
代表権を持ったままの贈与はできない

先代経営者は過去に代表者の時期があればよい

承継者（贈与者）は、先代経営者とそれ以外の者がいます。以前は先代経営者1人のみに限られていましたが、特例措置だけでなく、一般措置でも複数の贈与者から後継者（一般措置の後継者は1人のみ）への株式贈与ができるようになりました。

基本となる先代経営者の要件から見ていきましょう。

次ページの図にあるように、株式贈与が認められる先代経営者とは、株式贈与直前まで代表者である必要はありません。過去に一度でも代表権を持っていた時期があればよいとされています。すでに代表者を退任して後継者に代表権を渡し、株式だけを維持している場合でも適用されます。

一方、代表者である先代経営者が株式を贈与する場合には、遅くとも贈与の時点では後

［図表2-4］先代経営者の要件と承継者（贈与者）の要件

〔先代経営者の要件〕

①会社の代表権を有していたこと（過去に代表者の時期があれば贈与の直前に代表権がなくてもよい）

②贈与の直前に、贈与者（贈与する先代経営者）および親族など（贈与者と特別の関係がある者）で発行済株式数（総議決権数）の50%超を所有し、かつ、親族などの中で後継者を除いて最も多くの株式を所有していたこと

③贈与時に代表権を有していないこと（代表者を退任している）

（注）相続で初めて適用する場合は、②は贈与を相続と読み替えた要件となる。③は死亡時に代表者であってもよい

〔先代経営者以外の贈与者の要件〕

①贈与時点で会社の代表権を有していないこと

②先代経営者の贈与後に贈与を行うこと（同時は不可）

③一定数以上の株式を贈与すること
※後継者と贈与者の株式保有状況に応じて、保有株式の一部または全部

④すでに特例措置の適用を受ける贈与をしていないこと

（注）相続で初めて適用する場合は、②～④は贈与を相続と読み替えた要件となる。①は相続時（先代経営者の死亡時）に代表者であってもよい

継者に代表権を譲っていなければなりません。贈与直前まで代表者であることは可能ですが、代表権を持ったまま株式を贈与することはできません。なお、相続の場合は相続時（先代経営者の死亡時）に先代経営者が代表者であってもかまいません。

先代経営者は最大の株式保有をしていた時期が必要

先代経営者は、贈与時まで一定以上の株式（議決権のある発行済株式）を持っていなければなりません。

まず、贈与直前に先代経営者自身も含めた同族関係者（先代経営者と特別の関係がある者で主に親族）で株式（議決権のある発行済株式総数）の50％超を所有していなければなりません。

その上で、同族関係者の中で後継者を除いていちばん多くの株式を保有していたことが必要です。贈与直前では最大でなくても、過去に最大（同数可）の時期があればかまいません。つまり、代表者が「過去に株式をいちばん多く保有していたこと」なので、過去のどこかの時点で代表者時代に最大の株式を保有（同数可）していたことがあれば、クリアできます。贈与直前の時点では、後継者を除いていちばん多く株式を持っていなくても大丈夫です。

先代経営者以外の贈与者は先代経営者より後に贈与

次に、先代経営者以外の人が贈与者になる場合を見てみましょう。主な要件は73ページのようになります。

贈与の時点で代表者であってはなりません。先代経営者以外の贈与の場合のいちばんのポイントは、先代経営者の贈与後にしか贈与できないことです。同時に贈与することもできません。先行して行う先代経営者の贈与を「第一種特例贈与」、その後に行う先代経営者以外の贈与を「第二種特例贈与」といいます。なお、先代経営者の贈与の認定に関する有効期間（約5年間）のうちに贈与しなければなりません。

贈与者は一定以上の株式を贈与しなければならない

贈与者は、次ページのように株式の保有状況に合わせて一定以上の株式を贈与しなければなりません。要するに、後継者が経営権を安定して行使できる持株にすることが必要だということです。後継者が1人か複数かによって、贈与のルールは変わってきます。

［図表2-5］特例措置による贈与者の株式贈与数の要件

①後継者が１人の場合

・贈与者と後継者の持株数の合計が会社の全株式数（総議決権数）の３分の２以上
　→贈与後の後継者の持株数が３分の２以上になるように贈与

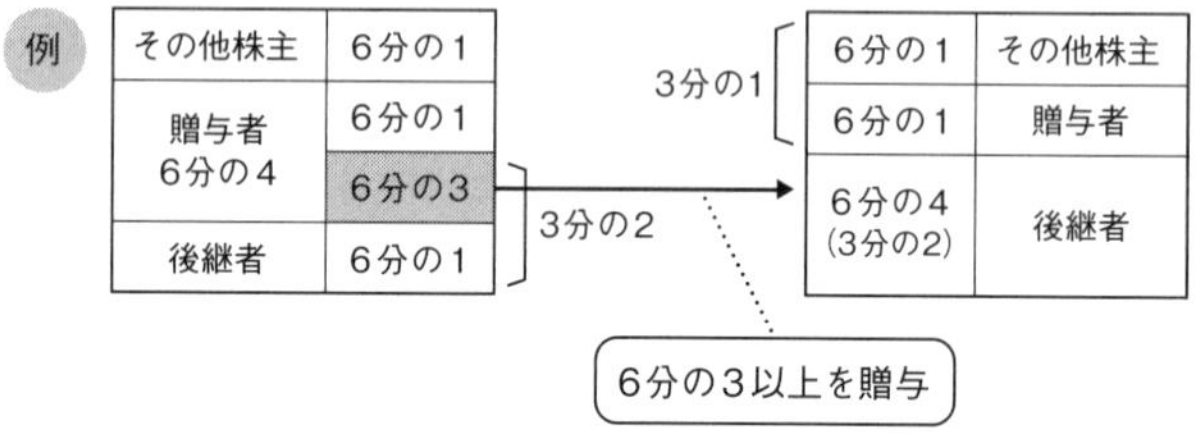

・贈与者と後継者の持株数の合計が会社の全株式数（総議決権数）の３分の２未満
　→贈与者の保有持株をすべて贈与

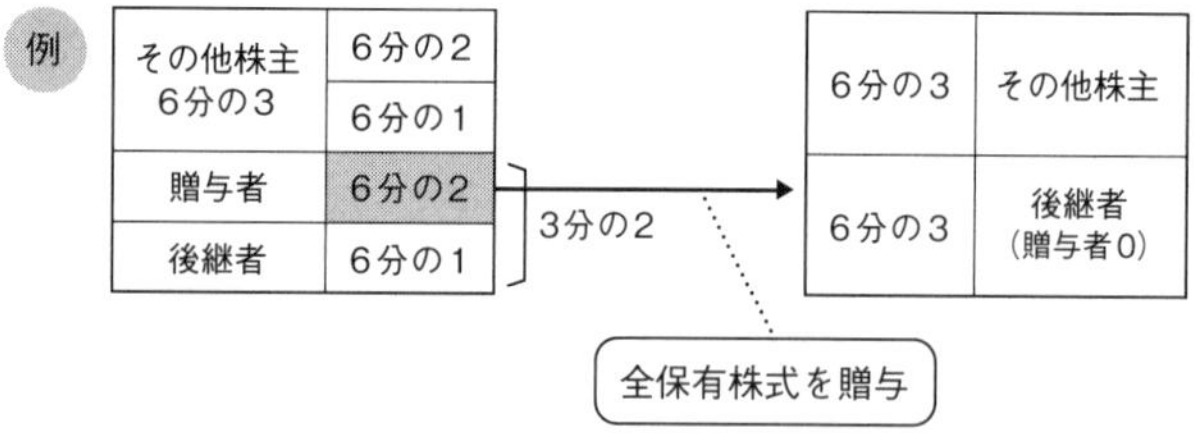

②後継者が２人または３人の場合

・贈与後に各後継者の持株数が10％以上であり、かつ、贈与者よりも多くの
　持株数になるように贈与　※贈与者と後継者が同数は不可

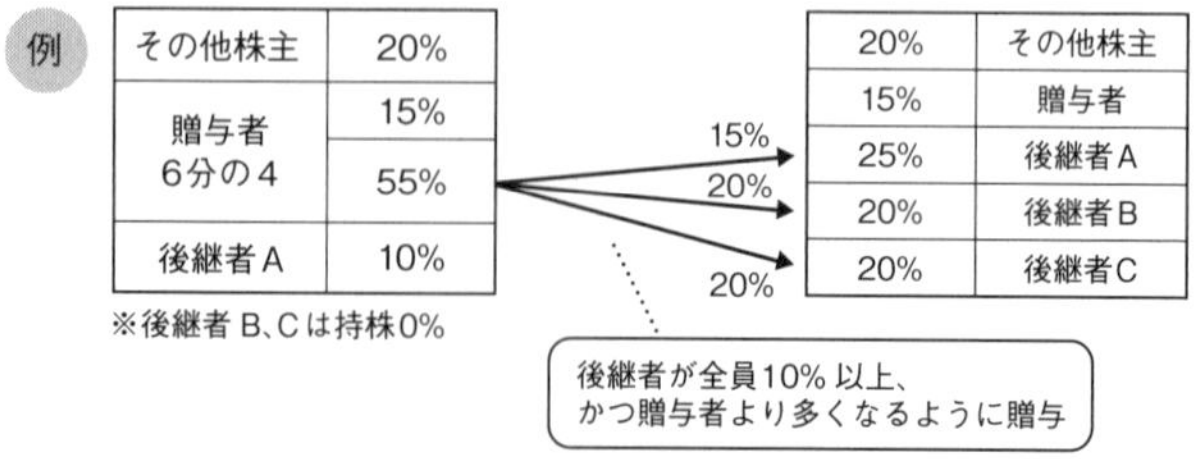

（注）先代経営者以外の贈与の場合は、先代経営者の贈与後の持株数に応じて
　　　上記と同じルールで贈与する

まず、後継者が1人の場合、発行済株式の全株式数（制限株式を除く総議決権数）の3分の2以上の株式を後継者が保有するように贈与します。

贈与者と後継者の合計が全株式数の3分の2以上ある場合、贈与者は贈与後に後継者の持株が3分の2以上になる贈与をしなければなりません。図の例では、贈与者の持株6分の4のうち、最低でも6分の3以上を後継者に贈与する必要があります。残りの6分の1は、贈与者が持ち続けることもできます。

贈与者と後継者の合計が全株式の3分の2未満の場合、贈与者は持株をすべて贈与しなければならず、持株を残すことはできません。図の例では、贈与者は持株6分の2をすべて贈与しなければならず、手元に持株を残すことはできません。

次に、後継者が複数の場合は、贈与後に後継者全員が全株式数の10％以上になるようにして、かつ贈与者に残った持株数がどの後継者よりも下回っていなければなりません。同数であっても認められません。

図の例では、贈与者の持株70％のうち55％を3人の後継者に贈与するケースとなっています。贈与者の贈与後の持株が15％ですから、後継者A・B・Cの全員が15％を超える比率になるように分配しなければなりません。

最初の贈与は先代経営者が行わなければなりませんが、先代経営者の贈与が終了すれば、先代経営者以外の贈与者が贈与できます。先代経営者の贈与で新たになった株主の株式比率をベースに贈与が行われますが、株式贈与のルールは先代経営者のときと同じです。

なお、参考までに、相続の場合の後継者への株式譲渡のルールを示しておきます。ここでも後継者が経営権を支配できる株式移転が求められます。後継者が1人の場合は、同族関係者の中で筆頭株主（同数も可）になるような株式取得をしなければなりません。

また、複数の後継者がいる場合には、各

[図表2-6] 特例措置による相続の場合の株式取得数の要件

①後継者が１人の場合
・同族関係者の中で最も多くの株式（議決権数）を保有する
※同数も可

②後継者が２人または３人の場合
・譲渡後に各後継者 の持株数が 10% 以上であり、かつ同族関係者の中の最大の株主よりも多くの持株数になるように保有する
※後継者以外の最大の株主の同族関係者と同数も可

後継者について、全株式数の10％以上保有と、同族関係者の後継者以外の株主より多くの株式保有という要件を満たす必要があります。

複数の贈与者がいる場合は利害関係の調整が必要になる

贈与者が先代経営者だけの場合は、利害関係が面倒になることはあまり起きません。しかし、複数の贈与者がいる場合、贈与者との利害関係の調整が必要になることが多いでしょう。

例えば、先代経営者以外の贈与者が株式を購入して取得していた場合、事業承継税制で後継者に無償で渡すことに抵抗を示すかもしれません。先代経営者の兄弟（後継者のおじ、おば）の場合でも、先代経営者の父からの遺産相続によって株式を入手していれば財産価値があります。また、株式を贈与してしまえば、以後は配当を受け取れなくなってしまいます。つまり、「後継者の事業承継の支援目的」以外に、贈与者には株式を贈与するメリットはなく、むしろ金銭的デメリットになる場合もあるのです。

このように、後継者に株式を集める際に利点はありますが、特に、先代経営者以外の複数の贈与者がいる場合は、説得して理解を求めるなど利害関係の調整も重要になります。

03

後継者（譲渡を受ける者）の要件

POINT
最大3人まで株式の譲渡を受けられる

株式を渡す側も受ける側も複数が可能になった

従来の一般措置では、先代経営者のみから1人の後継者に株式を譲渡（贈与／相続）する場合にしか事業承継税制が適用されていませんでした。特例措置では、次ページの図のように先代経営者以外の第三者も含めた複数の承継者（贈与者、被相続人）から最大3人の後継者に株式を譲渡（贈与または相続）できるようになりました。

なお、前述のように特例措置の開始に合わせて、一般措置でも2018年1月からは複数の株主の承継者から後継者に株式の譲渡ができるようになりましたが、譲渡できる後継者は1人に限られたままです。

また、一般措置では親族しか後継者になれませんが、特例措置では第三者も後継者になることができます。なお、複数の贈与者がいる場合、贈与するときは、一般措置・特例措

［図表2-7］特例措置による贈与者と受贈者の関係

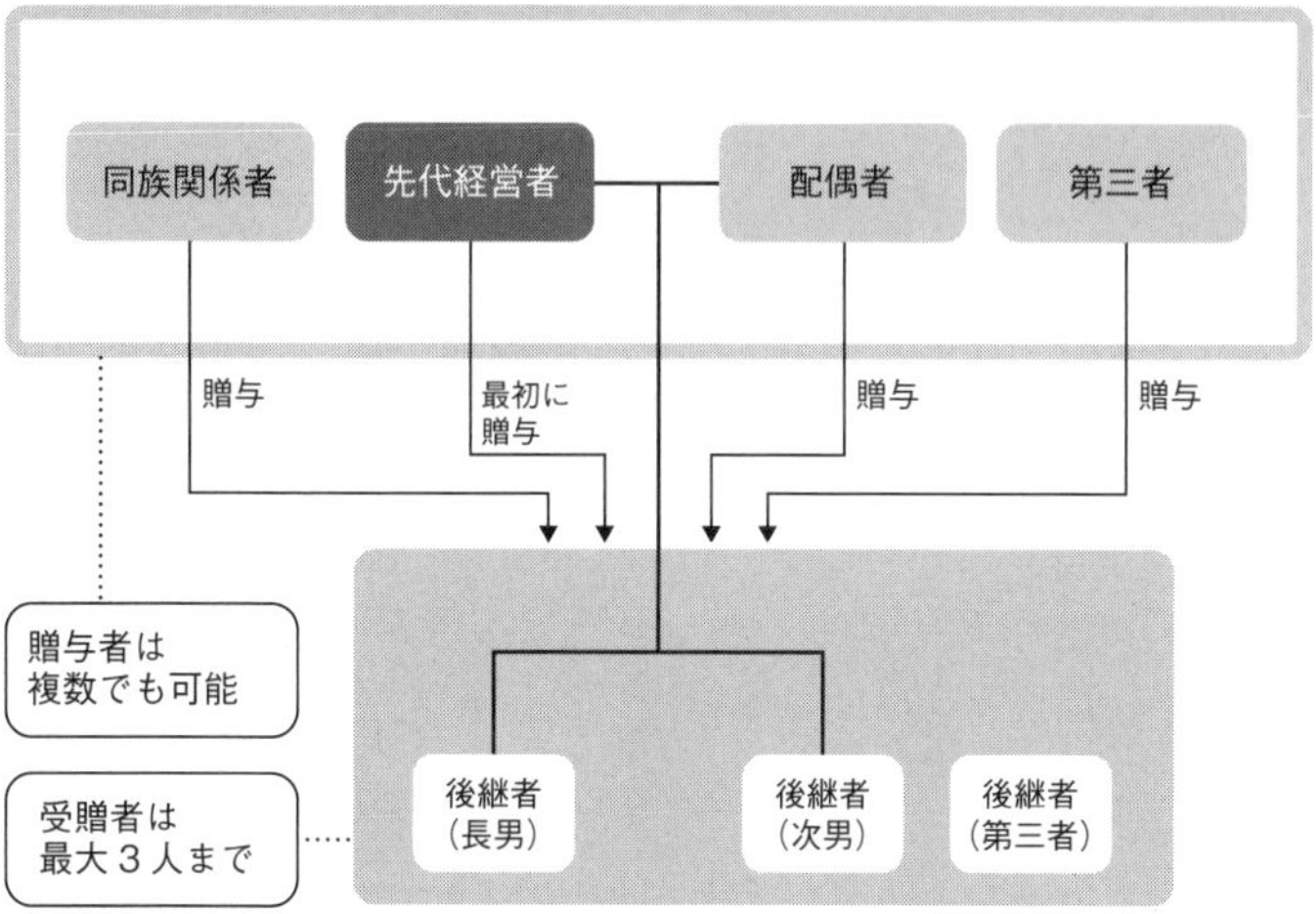

［図表2-8］特例措置による後継者の要件

①贈与時点で後継者を含めた同族関係者（主に親族）で発行済株式数（総議決権数）の50%超を所有していること

②贈与時点で18歳以上であること

③贈与時点で役員就任から継続して３年以上経過していること

④贈与時点で代表権を有していること

⑤贈与時点の株式の保有に関して以下の要件を満たしていること
〔後継者が１人の場合〕
→同族関係者の中で後継者がいちばん多く株式を保有していること
〔後継者が複数の場合〕
→後継者全員が全株式（議決権のある株式）の10%以上を保有し、かつ後継者全員が同族関係者の中で後継者以外の者よりも多い株式を保有していること

（注）相続の場合は上記①⑤は贈与を相続と読み替える。②は18歳未満でも可、③は相続開始直前で役員（先代経営者が60歳未満で死亡した場合を除く）であること、④は相続開始の翌日から５カ月後に代表者であることが要件となる

置とも、先代経営者が最初に贈与を行わなければなりません。他の贈与者と同時も認められませんので注意が必要です。相続でも、先代経営者の相続後でなければ、先代経営者以外の株主からの相続はできません。

すべての後継者が全体の10％以上で、他の株主より多く保有

後継者が1人の場合、一般措置でも特例措置でも、後継者が同族関係者（主に親族）の中で最も多くの株式を持つ筆頭株主でなければなりません。

特例措置では、最大3人の後継者に譲渡できますが、後継者の持株比率には、全員が10％以上保有し、かつ全員が後継者以外の同族関係者の最大の株主より多く保有（同数可）していなければならないという要件があります。

例えば、次ページの図のように後継者が長男・次男・三男の3人で、それぞれの持株比率が30％・20％・10％だった場合、残りの40％のうちの同族関係者の中で最大の株主は10％未満でなければなりません。仮に後継者以外の最大の株主である叔父が15％であった場合、三男には事業承継税制は適用されません。

このように、各人が10％をクリアしていても、他の株主の持株比率にも注意が必要です。

後継者には役員として3年経過と代表者就任が必要

贈与で事業承継税制の適用が受けられる後継者は18歳以上で、役員就任後3年以上経過している必要があります。役員就任は18歳前でも、株式の贈与時点で3年経過していればかまいません。

また、贈与時には代表者でなければなりませんので、代表者でない後継者は、代表者に就任させてから株式贈与を受けることになります。

相続の場合、代表者でない後継者は、相続から5カ月以内に代表者に就任して代表権を持つ必要があります。

[図表2-9] 特例措置による複数後継者の持株比率の要件

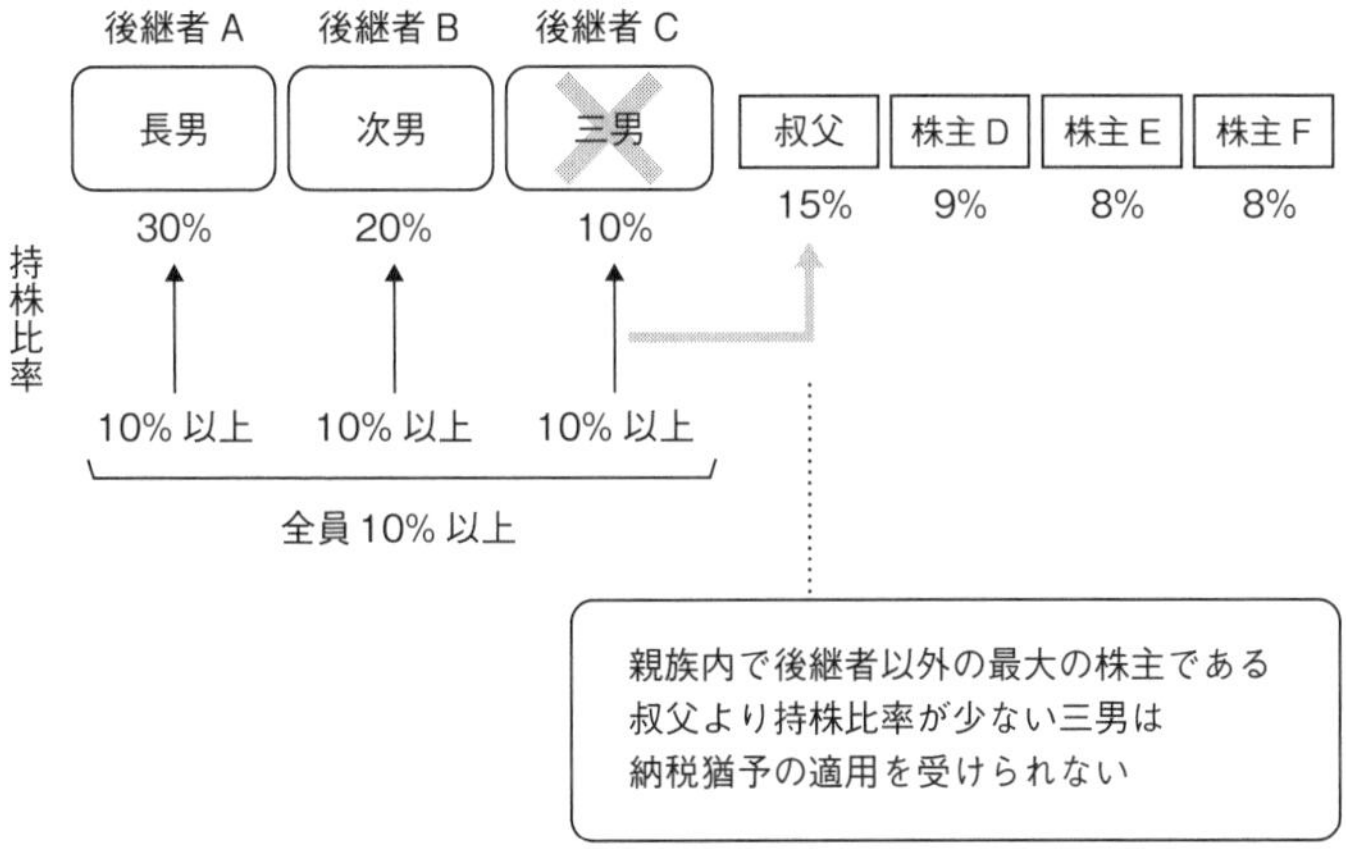

04

持株比率の要件

POINT

親族で50％超の株式を保有していることが必要

親族を含めた一定の株式保有が必要

事業承継税制を利用するためには、親族などを含めて一定比率以上の株式を持っていることが必要です。

具体的には、譲渡（贈与または相続）の直前で、先代経営者および先代経営者と特別の関係がある者（主に親族）で全株式（議決権のあるものに限る）の50％超を保有し、かつ、後継者を除いて先代経営者が親族の中でいちばん多く株式を保有していたことがあることです。

つまり、親族などで50％超の株式を持っている中小企業であり、かつ先代経営者が過去に株式をいちばん多く保有していたことが求められます。

ここで、「先代経営者と特別の関係がある者」とは、主に同族関係者である親族になりますが、先代経営者の使用人や先代経営者が議決権50％超を持つ子会社なども含まれます。

また、持株比率の要件の対象となる株式は発行済株式のうち、完全な議決権のある株式に限られます。議決権の全部または一部に制限のある株式は除かれます。なお、拒否権付株式（黄金株）は後継者以外の株主が持つと、事業承継税制の適用は受けられません。

このように、株式を譲渡するには、譲渡者である先代経営者だけでなく、同族関係者が過半数を占めている中小企業であることが必要です。

［図表2-10］譲渡直前の親族などの持株比率の要件

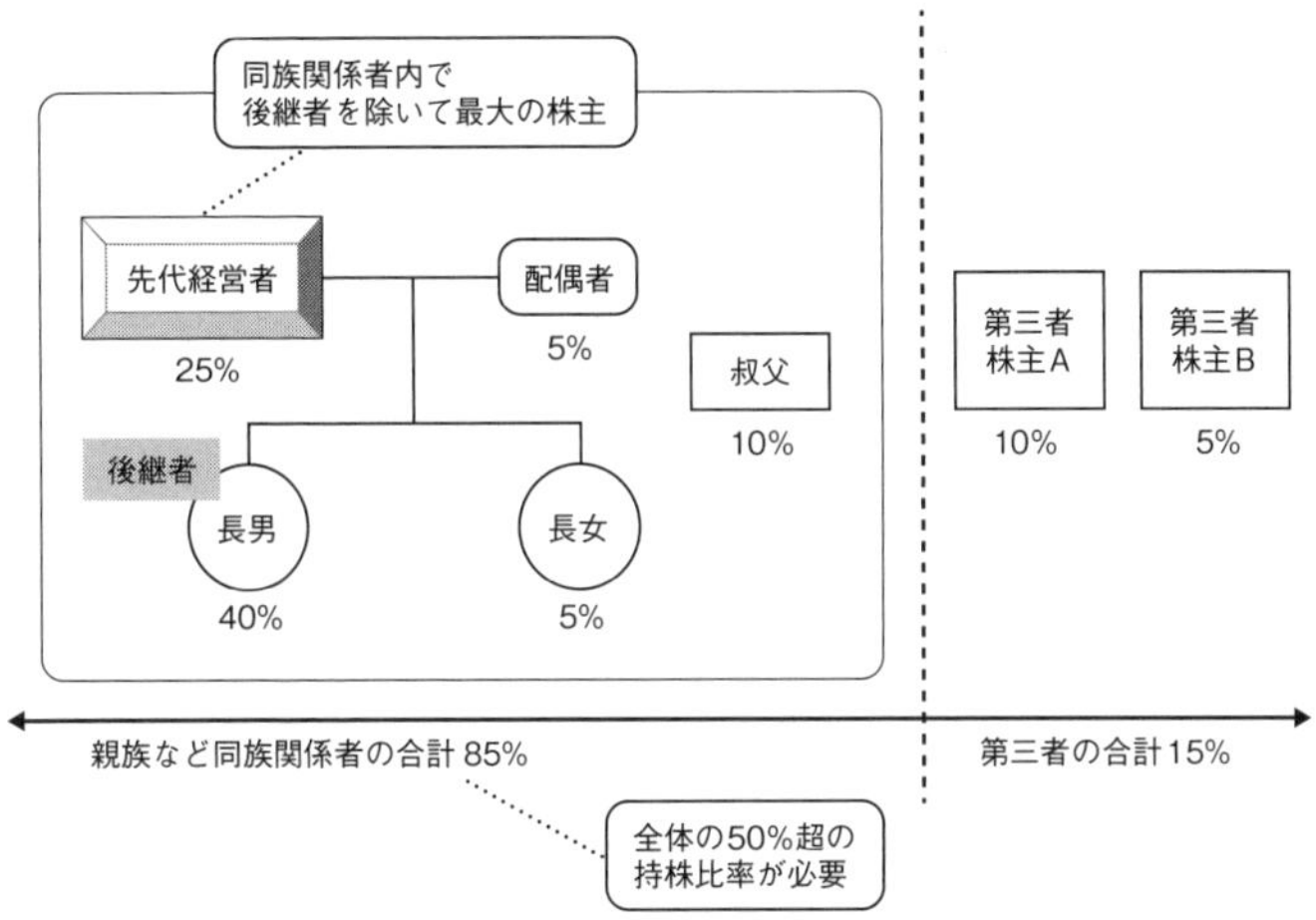

05

雇用確保の要件

POINT
5年間平均で8割以上の雇用を維持

理由があれば8割を下回っても取り消しにならない

従来、事業承継税制の利用が伸びなかった最大の理由とされていたのが、5年間の雇用確保の要件です。雇用確保の要件とは、株式譲渡（贈与または相続）後の経営承継期間（5年間）中は、株式譲渡時点の従業員数の8割の雇用を維持しなければならないという制約です。従業員の変動が激しい中小企業にとっては高いハードルです。

しかし、利用拡大を図るため雇用確保要件の内容は、次ページの図のように順次緩和されてきました。当初は経営継承期間中は5年間、「毎年」雇用8割を維持しなければなりませんでした。1年でも雇用が8割を切ってしまえば贈与税や相続税の納税猶予は取り消し（納税猶予期間の確定という）となって、納税をしなければなりませんでした。

このため、納税猶予の取り消しリスクを恐れて事業承継税制の利用を躊躇する中小企業

［図表2-11］雇用確保要件の緩和の推移

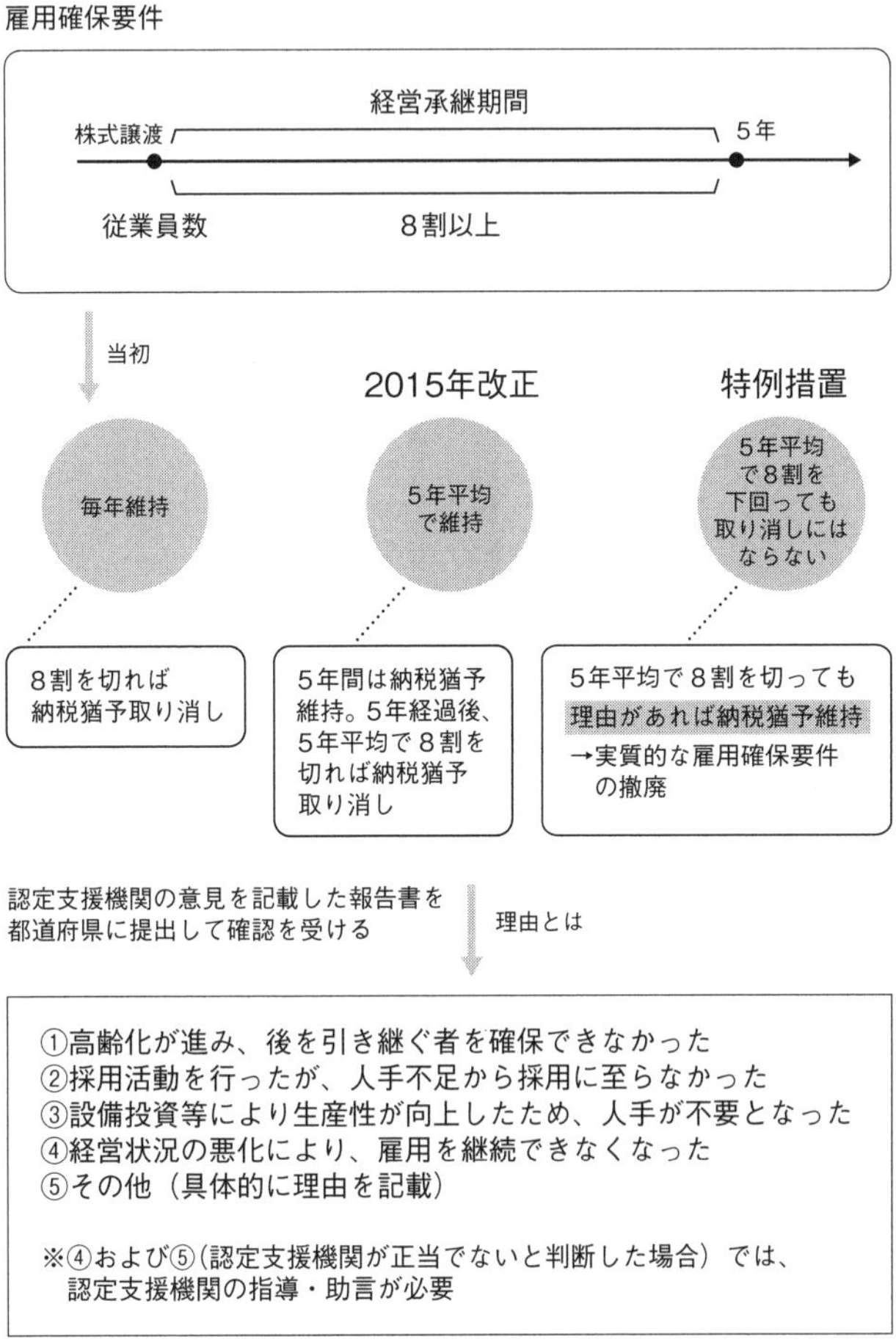
雇用確保要件
経営承継期間
株式譲渡
5年
従業員数
8割以上
当初
2015年改正
特例措置
毎年維持
5年平均で維持
5年平均で8割を下回っても取り消しにはならない
8割を切れば納税猶予取り消し
5年間は納税猶予維持。5年経過後、5年平均で8割を切れば納税猶予取り消し
5年平均で8割を切っても
理由があれば納税猶予維持
→実質的な雇用確保要件の撤廃
認定支援機関の意見を記載した報告書を都道府県に提出して確認を受ける
理由とは
①高齢化が進み、後を引き継ぐ者を確保できなかった
②採用活動を行ったが、人手不足から採用に至らなかった
③設備投資等により生産性が向上したため、人手が不要となった
④経営状況の悪化により、雇用を継続できなくなった
⑤その他（具体的に理由を記載）
※④および⑤（認定支援機関が正当でないと判断した場合）では、認定支援機関の指導・助言が必要

が多かったのです。

そこで2015年の法改正により、8割を下回る年があったとしても、5年間の平均で8割を維持できればよいことになりました。つまり、5年経過するまでは納税猶予は維持されて納税猶予期間は確定せず、5年経過後に雇用維持要件を判定することになったのです。これにより、以前の倍以上の利用実績に伸びましたが、5年経過後の納税猶予取り消しリスクは依然として残っていました。

そのため、18年に創設された特例措置では、5年平均で8割を切っていても、経営状況の悪化などの理由があれば納税猶予期間は確定せず、納税猶予を継続できるようになりました。理由のハードルは低く、実質的に雇用確保要件の撤廃といってもよいので、この点における納税猶予取り消しリスクは、ほとんど心配しなくてもいいようになりました。

雇用確保要件の8割基準は端数切り捨てで計算

雇用確保要件を判定する8割の計算は、17年度の改正で「切り上げ」から「切り捨て」で判定するようになりました。

次ページの図のように、納税猶予開始時点の従業員が4人だった場合、8割は3・2人になります。改正前は切り上げで判定されたため5年平均で4人同数を確保しなければなりませんでした。改正後は切り捨てで判定されるため、平均3人を確保していれば8割維持とみなされるようになりました。なお、納税猶予開始時点の従業員が1人だった場合は、1人以上確保する必要があります。これにより、従業員の少ない企業では雇用維持をしやすくなりました。

下回った理由は認定支援機関の意見を記載した報告書を提出

特例措置では、特例経営承継期間（贈与・相続）終了時点で雇用が8割を下回った場合、下回った理由を記載した報告書

［図表2-12］雇用確保要件の雇用人数の計算方法

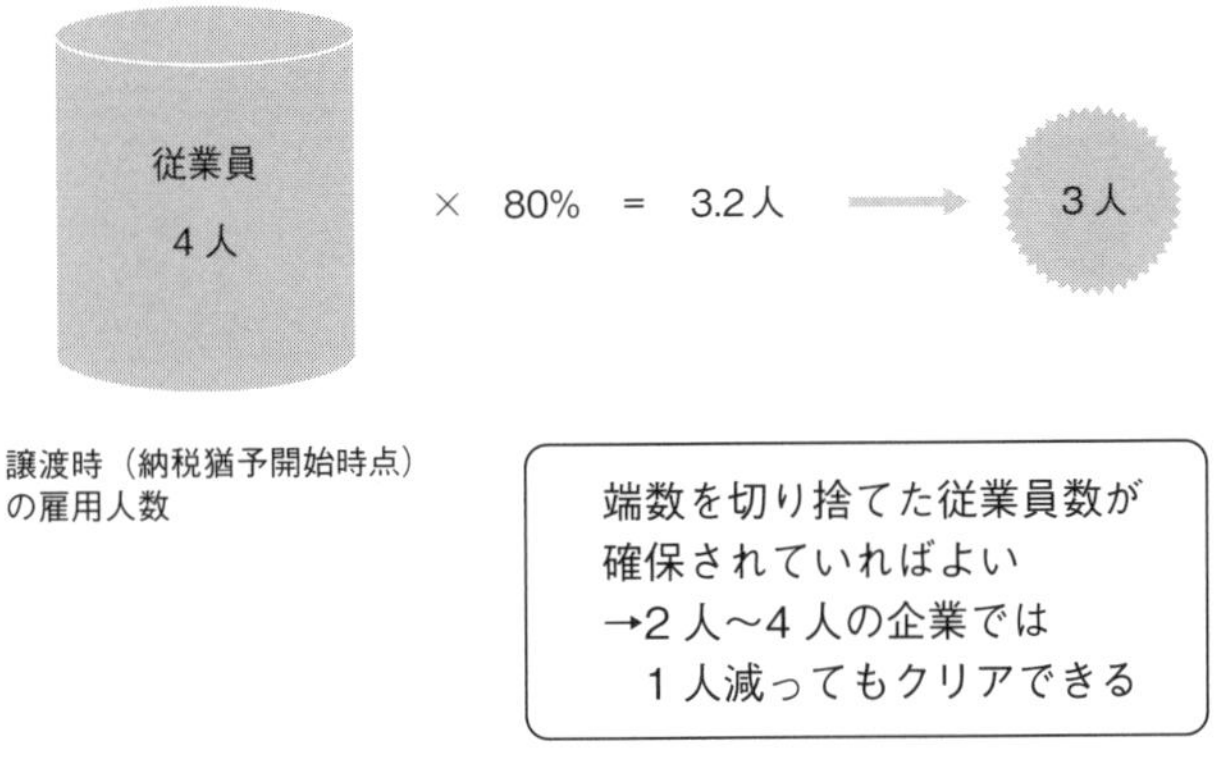
従業員
4人
× 80% = 3.2人
3人
譲渡時（納税猶予開始時点）
の雇用人数
端数を切り捨てた従業員数が
確保されていればよい
→2人～4人の企業では
1人減ってもクリアできる

（認定支援機関の意見が記載されているものに限る）を都道府県に提出して確認を受けます。経営状況の悪化などが理由の場合は、経営力向上のための認定支援機関の指導・助言も必要です。理由が認められた場合は、報告書と確認書の写しを継続届出書に添付して税務署に提出すれば、納税猶予が継続になります。

雇用確保要件を下回った理由としては、87ページの図のようなものが認められますが、実際に雇用確保が困難だった場合には、ほとんどが理由として認定されます。このように、特例措置では、雇用確保要件により納税猶予を取り消されることはまずなくなりました。ただ、雇用確保維持に努めなくてもよいということではありません。雇用確保維持は事業継続を支える重要な要素です。万が一のときにも安心して利用できるのが特例措置だと考えるべきでしょう。

なお、経営承継期間終了時に5年間平均8割以上の雇用確保が認定されれば、以後は要件として問われることなく、納税猶予の継続ができます。

第3章

手続きの具体的な進め方

ここまで解説してきた、
制度の基本的な仕組みや要件などを踏まえて、
本章では具体的な手続きの進め方について
詳しく見ていきます。

01

特例承継計画の作成と提出の手続き

POINT

認定支援機関を選んで計画を作成し
確認申請書を所定の様式で提出

自社の株価評価を確認する

具体的な作業に入る前に、自社では事業承継税制を利用できるかどうか、利用できるとしてもそれが最適な選択かどうかを確認する必要があります。そのためには、事業承継税制に詳しい税理士にまず相談してみることをお勧めします。

相談時には、過去3期分の法人税申告書や決算書に加え、会社の登記簿謄本・定款などの資料を用意していけば、1~2時間程度の相談で大枠のアドバイスをもらえるでしょう。

事業承継税制を使う前提として、自社の株価が一定以上である必要があります。少なくとも1億円程度の株価評価がないと、事業承継税制を利用する意味のある効果は期待できません。そのため、自社の株価を確認する必要がありますが、株価は毎年の法人税納税に必要なものではありません。それゆえ、多くの中小企業では株価評価を行っていません。

株価計算は、税理士に依頼して行いますが、過去3期分の決算書など下の表のようなものを用意する必要があります。株価評価が出るまでには、1カ月程度かかります。計算方式は決まっているため、株価評価の計算を行っている税理士であれば、評価結果が大きく変わるということはありません。

認定支援機関を選定する

事業承継税制の特例措置を利用するには、特例承継計画を作成して都道府県に提出することが必須となります。確認申請書には、「認定支援機関（認定経営革新等支援機関）」の所見を添付しなければ提出で

［図表3-1］自社の株価評価計算の依頼のために用意するもの

法人税申告書　直前３期分
直近の固定資産台帳（減価償却資産明細書）
自社物件の固定資産税課税通知書（直近のもの）、地図
賃借物件、賃貸物件の賃貸借契約書
会社加入の生命保険の解約返戻金計算書（株価評価時点のもの）
自社所有の自動車の査定書
会社の事業内容（複数事業の場合には売上割合と事業内容）
会社の登記簿謄本、定款

きないため、認定支援機関を選定する必要があります。特例承継計画の確認申請書の様式と記入例は、次ページ以降に示したようなものです。

認定支援機関とは、中小企業に専門性の高い支援をするために、専門知識や実務経験が一定レベルに達していると国が認定している機関や人です。中小企業庁に認定されて登録している認定支援機関には、税理士・会計事務所・金融機関・商工会議所・商工会などがあります。

自社の顧問税理士が認定支援機関であれば、そのまま依頼することもできます。新たに探す場合には、金融機関や商工会議所に紹介してもらったり、中小企業庁のウェブサイト掲載の一覧表※から探したりすることもできます。

なお、事業承継税制の申請手続き自体の必要事項の詳細は、各都道府県の担当窓口に問い合わせればわかります。例えば、東京都は「産業労働局商工部経営支援課」、大阪府は「商工労働部中小企業支援室経営支援課」です。

※ http://www.chusho.meti.go.jp/keiei/kakushin/nintei/kyoku/ichiran.htm

［図表3-2］特例承継計画の確認申請書の様式と記入例①

〔サービス業〕

様式第21

施行規則第17条第2項の規定による確認申請書

○○○○年○月○日

○○県知事　殿

郵便番号　000-0000
会社所在地　○○県○○市……
会社名　経済クリーニング株式会社
電話番号　＊＊＊-＊＊＊-＊＊＊＊
代表者の氏名　経済 一郎　印
経済 二郎　印

中小企業における経営の承継の円滑化に関する法律施行規則第17条第1項第1号の確認を受けたいので、下記の通り申請します。

記

1　会社について

主たる事業内容	生活関連サービス業（クリーニング業）
資本金額又は出資の総額	5,000,000円
常時使用する従業員の数	8人

2　特例代表者について

特例代表者の氏名	経済　太郎
代表権の有無	□有　☑無（退任日　平成30年3月1日）

3　特例後継者について

特例後継者の氏名(1)	経済　一郎
特例後継者の氏名(2)	経済　二郎
特例後継者の氏名(3)	

※中小企業庁ウェブサイトより〔サービス業〕1
日付のみ著者改変（以下同）

［図表3-2］特例承継計画の確認申請書の様式と記入例②

4　特例代表者が有する株式等を特例後継者が取得するまでの期間における
経営の計画について

株式を承継する時期（予定）	令和２年３月１日相続発生
当該時期までの経営上の課題	（株式等を特例後継者が取得した後に本申請を行う場合には、記載を省略することができます）
当該課題への対応	（株式等を特例後継者が取得した後に本申請を行う場合には、記載を省略することができます）

5　特例後継者が株式等を承継した後５年間の経営計画

実施時期	具体的な実施内容
1年目	郊外店において、コート・ふとん類に対するサービスを強化し、 その内容を記載した看板の設置等、広告活動を行う。
２年目	新サービスであるクリーニング後、最大半年間（又は一年間）の 預かりサービス開始に向けた倉庫等の手配をする。
３年目	クリーニング後、最大半年間（又は一年間）の預かりサービス開始。 （預かり期間は、競合他店舗の状況を見て判断。） 駅前店の改装工事後に向けた新サービスを検討。
４年目	駅前店の改装工事。 リニューアルオープン時に向けた新サービスの開始。
５年目	オリンピック後における市場（特に土地）の状況を踏まえながら、 新事業展開（コインランドリー事業）又は新店舗展開による 売り上げ向上を目指す。

（備考）（記載要領）は省略

※中小企業庁ウェブサイトより〔サービス業〕2

[図表3-2] 特例承継計画の確認申請書の様式と記入例③

（別紙）

認定経営革新等支援機関による所見等

1　認定経営革新等支援機関の名称等

認定経営革新等支援機関の名称	○○ ○○税理士事務所　　印
（機関が法人の場合）代表者の氏名	○○ ○○
住所または所在地	○○県○○市……

2　指導・助言を行った年月日

令和４年　５月３日

3　認定経営革新等支援機関による指導・助言の内容

売上の７割を占める駅前店の改装工事に向け、郊外店の売上増加施策が必要。
競合他店が行っている預かりサービスを行うことにより、負の差別化の解消を測るように指導。

駅前店においても、改装工事後に新サービスが導入できないか引き続き検討。
サービス内容によっては、改装工事自体の内容にも影響を与えるため、２年以内に結論を出すように助言。

また、改装工事に向けた資金計画について、今からメインバンクである○○銀行にも相談するようにしている。

なお、土地が高いために株価が高く、一郎・二郎以外の推定相続人に対する遺留分侵害の恐れもあるため「遺留分に関する民法の特例」を紹介。

※中小企業庁ウェブサイトより　〔サービス業〕3

［図表3-2］特例承継計画の確認申請書の様式と記入例④

〔製造業〕

様式第 21

施行規則第 17 条第 2 項の規定による確認申請書
（特例承継計画）

○○○○年○月○日

○○県知事　殿

郵便番号　000-0000
会社所在地　○○県○○市……
会社名　中小鋳造株式会社
電話番号　＊＊＊-＊＊＊-＊＊＊＊
代表者の氏名　中小　一郎　　印

中小企業における経営の承継の円滑化に関する法律施行規則第 17 条第 1 項第 1 号の確認を受けたいので、下記の通り申請します。

記

1　会社について

主たる事業内容	銑鉄鋳物製造業
資本金額又は出資の総額	5,000,000 円
常時使用する従業員の数	75 人

2　特例代表者について

特例代表者の氏名	中小　太郎
代表権の有無	□有　☑無（退任日　平成 31 年 3 月 1 日）

3　特例後継者について

特例後継者の氏名(1)	中小　一郎
特例後継者の氏名(2)	
特例後継者の氏名(3)	

※中小企業庁ウェブサイトより〔製造業〕1

[図表3-2] 特例承継計画の確認申請書の様式と記入例⑤

4 特例代表者が有する株式等を特例後継者が取得するまでの期間における経営の計画について

株式を承継する時期(予定)	令和2年10月
当該時期までの経営上の課題	◎工作機械向けパーツを中心に需要は好調だが、原材料の値上がりが続き、売上高営業利益率が低下している。 ◎また、人手不足問題は大きな課題であり、例年行っている高卒採用も応募が減ってきている。発注量に対して生産が追いつかなくなっており、従業員が残業をして対応している。今年からベトナム人研修生の受け入れを開始したが、まだ十分な戦力とはなっていない。
当該課題への対応	◎原材料値上がりに伴い、発注元との価格交渉を継続的に行っていく。合わせて、令和2年中に予定している設備の入れ替えによって、生産効率を上げコストダウンを図っていく。 ◎人材確保のため地元高校での説明会への参加回数を増やし、リクルート活動を積極的に行う。またベトナム人研修生のスキルアップのために、教育体制を見直すとともに、5Sの徹底を改めて行う。

5 特例後継者が株式等を承継した後5年間の経営計画

実施時期	具体的な実施内容
1年目	・設計部門を増強するとともに、導入を予定している新型CADを活用し、複雑な形状の製品開発を行えるようにすることで、製品提案力を強化し単価の向上を図る。 ・海外の安価な製品との競争を避けるため、BtoBの工業用品だけではなく、鋳物を活用したオリジナルブランド商品の開発(BtoC)に着手する。 ・生産力強化のため、新工場建設計画を策定。用地選定を開始する。
2年目	・新工場用の用地を決定。取引先、金融機関との調整を行う。 ・電気炉の入れ替えを行い、製造コストの低下を図る。 ・オリジナルブランド開発について一定の結論を出し、商品販売を開始する。
3年目	・新工場建設着工を目指す。 ・3年目を迎える技能実習生の受け入れについて総括を行い、人材採用の方向性について議論を行う。
4年目	・新工場運転開始を目指すとともに、人員配置を見直す。増員のための採用方法については要検討。 ・少数株主からの株式の買い取りを達成する。
5年目	・新工場稼働による効果と今後の方向性についてはレビューを行う。

(備考)(記載要領)は省略

※中小企業庁ウェブサイトより〔製造業〕2

［図表3-2］特例承継計画の確認申請書の様式と記入例⑥

（別紙）

認定経営革新等支援機関による所見等

1　認定経営革新等支援機関の名称等

認定経営革新等支援機関の名称	○○ ○○商工会議所　　印
（機関が法人の場合）代表者の氏名	中小企業相談所長　○○ ○○
住所または所在地	○○県○○市……

2　指導・助言を行った年月日

令和４年　６月４日

3　認定経営革新等支援機関による指導・助言の内容

大半の株式は先代経営者である会長が保有しているが、一部現経営者の母、伯父家族に分散しているため、贈与のみならず買い取りも行って、安定した経営権を確立することが必要。

原材料の値上げは収益力に影響を与えているため、業務フローの改善によりコストダウンを行うとともに、商品の納入先と価格交渉を継続的に行っていくことが必要。原材料価格の推移をまとめ、値上げが必要であることを説得力を持って要求する必要がある。

新工場建設については、取引先の増産に対応する必要があるか見極める必要あり。最終商品の需要を確認するとともに、投資計画の策定の支援を行っていく。

なお、税務面については顧問税理士と対応を相談しながら取り組みを進めていくことを確認した。

※中小企業庁ウェブサイトより〔製造業〕3

［図表3-2］特例承継計画の確認申請書の様式と記入例⑦

〔小売業〕

様式第21

施行規則第17条第2項の規定による確認申請書
（特例承継計画）

○○○○年○月○日

○○県知事　殿

郵便番号　000-0000
会社所在地　○○県○○市……
会社名　株式会社承継玩具
電話番号　＊＊＊-＊＊＊-＊＊＊＊
代表者の氏名　承継 太郎　　印

中小企業における経営の承継の円滑化に関する法律施行規則第17条第1項第1号の確認を受けたいので、下記の通り申請します。

記

1　会社について

主たる事業内容	玩具販売店
資本金額又は出資の総額	10,000,000円
常時使用する従業員の数	15人

2　特例代表者について

特例代表者の氏名	承継　太郎
代表権の有無	☑有　□無（退任日　平成　年　月　日）

3　特例後継者について

特例後継者の氏名(1)	承継　一郎
特例後継者の氏名(2)	承継　二郎
特例後継者の氏名(3)	承継　花子

※中小企業庁ウェブサイトより〔小売業〕1

[図表3-2] 特例承継計画の確認申請書の様式と記入例⑧

4　特例代表者が有する株式等を特例後継者が取得するまでの期間における経営の計画について

株式を承継する時期(予定)	2022年～2023年頃予定
当該時期までの経営上の課題	・借入によりキャッシュフローが圧迫されていること。
当該課題への対応	・商品在庫数を見直し、在庫回転率を向上させる。 ・借入の返済スケジュールの見直しを要請。 ・遊休資産の処分により手元現金を増やす。

5　特例後継者が株式等を承継した後5年間の経営計画

実施時期	具体的な実施内容
1年目	【棚卸し資産の洗い出し】【在庫管理の見直し①】 IT導入①(レジ機能を持つタブレットを導入し、年齢別の売上傾向を把握。顧客管理システムを導入。)
2年目	【原価計算の適正化①】 IT導入②(在庫管理システムの導入。IT導入①とセットで行うことにより、売れ筋商品への注力を図り、商品の減耗防止や棚卸し回転率の向上を図る。)
3年目	【店舗改装工事】 バリアフリー化を図り、ベビーカーや車椅子でも店内を見やすいようにレイアウト変更を行う。 【広告活動の強化①】 店舗改装中に近隣住宅にポスティングを行い、改装直後の集客を図る。 HPを抜本的に見直し、性別や年齢別の人気ランキングを掲載する。
4年目	【原価計算の適正化②】【在庫管理の見直し②】 過去3年間の実績に基づき、改めて原価計算・在庫管理を行う。
5年目	【広告活動の強化②】 顧客管理システムに登録されたお客様に対して、新商品発売等に合わせてダイレクトメールを展開。 【商品ラインナップの充実】 安定的な消費が見込める文房具の取扱い開始。 今後もメインターゲットである子ども向けの商品展開を充実させていく。

（備考）（記載要領）は省略

※中小企業庁ウェブサイトより〔小売業〕2

［図表3-2］特例承継計画の確認申請書の様式と記入例⑨

（別紙）

認定経営革新等支援機関による所見等

1　認定経営革新等支援機関の名称等

認定経営革新等支援機関の名称	税理士法人○○　　　　印
（機関が法人の場合）代表者の氏名	社員　○○
住所または所在地	○○県○○市……

2　指導・助言を行った年月日

令和4年　10月1日

3　認定経営革新等支援機関による指導・助言の内容

後継者である承継一郎は、現在はIT企業（他社）で経験を積んでいるが、来年度に承継商店(株)に入社予定である。入社後は、培った経験を基に、積極的なIT活用による生産性向上を考えており、またその実現性は高い。

また、承継商店(株)で営業部長である承継二郎は自身の子育て経験に基づいた売上向上のための施策（売上ランキングの公表や、文房具の販売）を企画・立案しており、業務拡大への貢献度が高い。

総務・経理を担当している承継花子は、会社の財務状況を正確に把握しており「攻めの投資」が得意とする兄二人とは異なり、安定経営を支える基盤強化に務めている。

異なる特色を持つ兄弟3人が力を合わせて業務展開していくことで、まさに「三本の矢」となり、独創的かつ安定的な経営ができるものと考えます。

※中小企業庁ウェブサイトより〔小売業〕3

認定支援機関の所見を記載して都道府県に提出

選定した認定支援機関の指導・助言を受けて特例承継計画の作成ができたら、確認申請書に必要事項を記入し、都道府県の担当窓口に提出します。

確認申請書の記載項目は、先代経営者から後継者への贈与の場合、①会社について（業種・資本金額・従業員数）、②特例代表者名（先代経営者名）、③特例後継者名（3名まで）、④特例後継者の株式取得までの経営見通し、⑤特例後継者の株式取得後5年間（特例承継期間）の経営計画です。

これに、認定支援機関の所見を添付した上で提出します。添付書類にはその他、履歴事項全部証明書（いわゆる登記簿謄本の一種で、法務局で入手）、従業員数証明書なども必要です。

なお、ここで紹介しているのは、先代経営者から後継者への贈与の確認申請書の様式（様式第21）ですが、先代経営者以外の株主からの贈与や相続の場合の確認申請書は、それぞれに該当する様式のものを提出します。

都道府県の確認後に内容変更もできる

確認申請書を提出後、内容の審査を経て決定されれば、都道府県から確認が通知されます。確認書（確認の通知）を受け取るまでには約２カ月かかります。

確認を受けた後に計画内容を変更する場合は、変更確認申請書（様式第24）を提出して再確認を受けることができます。納税猶予適用開始後は特例後継者の変更はできませんが、適用前であれば後継者の変更も可能です。なお、変更確認申請書は２０２４年４月以降でも提出できます。

02 株式贈与実行と特例贈与認定申請書提出の手続き

POINT
贈与契約書を交わした上で
注意点を踏まえて申請書を提出

贈与契約書を作成する

株式贈与の前には、先代経営者の代表者退任と後継者の代表者就任を済ませておかなければなりません。贈与する株式は、贈与者と後継者の持株数に応じて一定数以上（76ページの図表2-5を参照）を一括で行うことが必要です。分割贈与は認められません。

贈与実行時には、贈与契約書を作成して贈与者（先代経営者等）と受贈者（後継者）とで契約を交わします。贈与契約書は、税理士・弁護士・司法書士などの専門家に作成を依頼します。

贈与契約書の見本（ひな形）を次ページの図で示します。

事業承継税制を利用するときの贈与契約書の注意点としては、「先代経営者の贈与日とその他の人の贈与日を一緒にしないこと」です。先代経営者は必ず先に贈与しなければな

［図表3-3］贈与契約書の見本

贈与契約書

贈与者　山田太郎（甲）と受贈者　山田一郎（乙）との間で下記の通り契約を締結した。

第１条　甲は、その所有する下記の財産を乙に贈与し、乙はこれを受贈した。

株式会社 山田商事　普通株式　100株

第２条　甲は当該財産を2020年7月1日までに乙に引き渡すこととし、当該引き渡しにより権利は移転する。

上記契約の証として本書を作成し、乙が保有する。

2022年７月１日

甲　（住所）

（氏名）

甲　（住所）

（氏名）

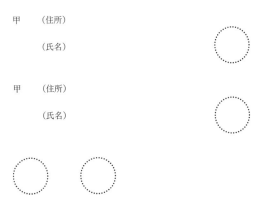

らないので、その他の贈与者からの贈与日は後日の日付で行わなければなりません（同日でも時間がずれていればよいという話もありますが、認定する側が書類で判断するため、同日は避けるべきです）。

特例贈与認定を都道府県に申請する

特例承継計画の確認通知を受けた後、先代経営者の退任と後継者の代表者就任などの要件を整えて、株式贈与を実行したときは、贈与税の納税猶予を受ける手続きが必要となります。

納税猶予の認定を受けるには、贈与日の翌年1月15日までに特例贈与認定申請書を都道府県に提出して申請します。

特例贈与認定申請書の様式と記入例、主な添付書類は、それぞれ次ページ以降に示したようなものです。

なお、ここで紹介しているのは、先代経営者から後継者への贈与の認定申請書の様式（様式第7の3）ですが、先代経営者以外の株主からの贈与や相続の場合の確認申請書は、それぞれに該当する様式のものを提出します。

［図表3-4］特例贈与認定申請書の様式と記入例（先代経営者から後継者への贈与）①

様式第7の3

第一種特例贈与認定中小企業者に係る認定申請書

○○○○年○月○日

都道府県知事名　殿

郵　便　番　号　○○○-○○○○
会 社 所 在 地　○○県○○市○○△-△
会　　社　　名　株式会社承継商事
電　話　番　号　○○○-○○○○
代表者の氏名　承継　太郎　㊞ ❶

中小企業における経営の承継の円滑化に関する法律第12条第1項の認定（同法施行規則第6条第1項第11号の事由に係るものに限る。）を受けたいので、下記のとおり申請します。

記

1　特例承継計画の確認について

施行規則第17条第1項第1号の確認（施行規則第18条第1項又は第2項の変更の確認をした場合には変更後の確認）に係る確認事項	確認の有無 ❷		☑有
			□無（本申請と併せて提出）
	「有」の場合	確認の年月日及び番号	○○年○○月○○日（×××号）
		特例代表者の氏名	承継　一郎
		特例後継者の氏名	承継　太郎 ❸

2　贈与者及び第一種特例経営承継受贈者について

贈与の日		令和2年4月1日
❹第一種特例贈与認定申請基準日		令和2年10月15日
❺贈与税申告期限		令和3年3月15日
❻第一種特例贈与認定申請基準事業年度		平成31年1月1日から令和元年12月31日まで
❼総株主等議決権数	贈与の直前	(a)　1,000個
	贈与の時	(b)　1,000個
贈与者	氏名	承継　一郎
	贈与の時の住所	○○県○○市○○×-×
	贈与の時の代表者への就任の有無	□有　☑無
	❽贈与の時における過去の法第12条第1項の認定（施行規則第6条第1項第11号又は第13号の事由に係るものに限る。）に係る贈与の有無	□有　☑無

※中小企業庁ウェブサイトより（❶～⓲は著者注：本文参照）

［図表3-4］特例贈与認定申請書の様式と記入例（先代経営者から後継者への贈与）②

代表者であった時期			平成元年4月1日から平成29年3月31日
代表者であって、同族関係者と合わせて申請者の総株主等議決権数の100分の50を超える数を有し、かつ、いずれの同族関係者（第一種特例経営承継受贈者となる者を除く。）が有する議決権数をも下回っていなかった時期(*)			平成元年4月1日から 平成29年3月31日
(*)の時期における総株主等議決権数			(c) 1,000個
(*)の時期における同族関係者との保有議決権数の合計及びその割合			(d)+(e) 875個 ((d)+(e))/(c) 87.5%
(*)の時期における保有議決権数及びその割合			(d) 800個 (d)/(c) 80.0%
(*)の時期における同族関係者	氏名 （会社名）	住所 （会社所在地）	保有議決権数及びその割合
	承継　花子	○○県○○市 ○○×-×	(e) 75個 (e)/(c) 7.5%
贈与の直前における同族関係者との保有議決権数の合計及びその割合			(f)+(g) 875個 ((f)+(g))/(a) 87.5%
贈与の直前における保有議決権数及びその割合			(f) 700個 (f)/(a) 70%
贈与の直前における同族関係者	氏名 （会社名）	住所 （会社所在地）	保有議決権数及びその割合
	承継　花子	○○県○○市 ○○×-×	(g) 75個 (g)/(a) 7.5%
❾ (*2)から(*3)を控除した残数又は残額			(i)-(j) 567株(円)
贈与の直前の発行済株式又は出資（議決権の制限のない株式等に限る。）の総数又は総額(*1)			(h) 1,000株(円)
(*1)の3分の2(*2)			(i)=(h)×2/3 667株(円)
贈与の直前において第一種特例経営承継受贈者が有していた株式等の数又は金額(*3)			(j) 100株(円)
贈与の直前において贈与者が有していた株式等（議決権に制限のないものに限る。）の数又は金額			700株(円)
❿ 贈与者が贈与をした株式等（議決権の制限のないものに限る。）の数又は金額			700株(円)

［図表3-4］特例贈与認定申請書の様式と記入例（先代経営者から後継者への贈与）③

<table>
<tr><td rowspan="13">第一種
特例経営
承継受贈者</td><td colspan="4">氏名　承継　太郎</td><td colspan="2"></td></tr>
<tr><td colspan="4">住所　○○県○○市○○×-×</td><td colspan="2"></td></tr>
<tr><td colspan="4">贈与の日における年齢</td><td colspan="2">○○歳</td></tr>
<tr><td colspan="4">贈与の時における贈与者との関係</td><td colspan="2">☑直系卑属
□直系卑属以外の親族
□親族外</td></tr>
<tr><td colspan="4">贈与の時における代表者への就任の有無</td><td colspan="2">☑有　□無</td></tr>
<tr><td colspan="4">贈与の日前3年以上にわたる
役員への就任の有無</td><td colspan="2">☑有　□無</td></tr>
<tr><td colspan="4">⓫ 贈与の時における過去の法第12条第1項の認定(施行規則第6条第1項第7号又は第9号の事由に係るものに限る。)に係る受贈の有無</td><td colspan="2">□有　☑無</td></tr>
<tr><td colspan="4">贈与の時における同族関係者との保有
議決権数の合計及びその割合</td><td colspan="2">(k)＋(l)＋(m)　875個
((k)＋(l)＋(m))/(b)　87.5%</td></tr>
<tr><td rowspan="4"></td><td rowspan="4">保有議決権数及びその割合</td><td>贈与の直前</td><td>(k)　100個
(k)/(a)　10%</td><td rowspan="2">贈与者から贈与により取得した数(*4)</td><td rowspan="2">(1)700個</td></tr>
<tr><td>贈与の時</td><td>(k)＋(1)　800個
((k)＋(1))/(b)　80%</td></tr>
<tr><td colspan="2">(*4)のうち租税特別措置法第70条の7の5第1項の適用を受けようとする株式等に係る議決権の数(*5)</td><td colspan="2">700個</td></tr>
<tr><td colspan="2">(*5)のうち第一種特例贈与認定申請基準日までに譲渡した数</td><td colspan="2">0個</td></tr>
<tr><td></td><td>贈与の時における同族関係者</td><td>氏名（会社名）

承継　花子</td><td colspan="2">住所（会社所在地）

○○県○○市
○○×-×</td><td>保有議決権数及びその割合

(m)　75個
(m)/(b) 7.5%</td></tr>
</table>

※中小企業庁ウェブサイトより

[図表3-4] 特例贈与認定申請書の様式と記入例（先代経営者から後継者への贈与）④

3　贈与者が第一種特例承継受贈者へ第一種特例認定贈与株式を法第 12 条第 1 項の認定に係る贈与をする前に、当該認定贈与株式を法第 12 条第 1 項の認定に係る受贈をしている場合に記載すべき事項について

本申請に係る株式等の贈与が該当する贈与の類型	☑該当無し □第一種特別贈与認定株式再贈与　□第一種特例贈与認定株式再贈与　□第二種特別贈与認定株式再贈与　□第二種特例贈与認定株式再贈与			
	氏名	認定日	左記認定番号	左記認定を受けた株式数
第一種特例贈与認定中小企業者の認定贈与株式を法第 12 条第 1 項の認定に係る受贈をした者に、贈与をした者（当該贈与をした者が複数ある場合には、贈与した者が複数ある場合には、贈与した順にすべてを記載する。）				

（備考）

① 用紙の大きさは、日本工業規格 A4 とする。

② 記名押印については、署名をする場合、押印を省略することができる。

③ 申請書の写し（別紙 1 及び別紙 2 を含む）及び施行規則第 7 条第 6 項の規定により読み替えられた同条第 2 項各号に掲げる書類を添付する。

④「施行規則第 17 条第 1 項第 1 号の確認（施行規則第 18 条第 1 項又は第 2 項の変更の確認をした場合には変更後の確認）に係る確認事項」については、当該確認を受けていない場合には、本申請と併せて施行規則第 17 条第 2 項各号に掲げる書類を添付する。また、施行規則第 18 条第 1 項又は第 2 項に定める変更をし、当該変更後の確認を受けていない場合には、本申請と併せて同条第 5 項の規定により読み替えられた前条第 2 項に掲げる書類を添付する。

⑤ 施行規則第 6 条第 2 項の規定により申請者が資産保有型会社又は資産運用型会社に該当しないものとみなされた場合には、その旨を証する書類を添付する。

⑥ 第一種特例贈与認定申請基準事業年度終了の日において申請者に特別子会社がある場合にあっては特別子会社に該当する旨を証する書類、当該特別子会社が資産保有型子会社又は資産運用型子会社に該当しないとき（施行規則第 6 条第 2 項の規定によりそれぞれに該当しないものとみなされた場合を含む。）には、その旨を証する書類を添付する。

[図表3-4] 特例贈与認定申請書の様式と記入例(先代経営者から後継者への贈与)⑤

(別紙1)　　　　認定中小企業者の特定資産等について

⓬ 主たる事業内容	○○の卸売、×× の総合販売
⓭ 資本金の額又は出資の総額	10,000,000円

認定申請基準事業年度における特定資産等に係る明細表

種別		内容	利用状況	帳簿価額 ⓮	運用収入
有価証券	特別子会社の株式又は持分((*2)を除く。)	承継運送株式会社の株式200株		(1) 10,000,000円	(12) 0円
	資産保有型子会社又は資産運用型子会社に該当する特別子会社の株式又は持分(*2)	−		(2) −円	(13) −円
	特別子会社の株式又は持分以外のもの	A社の株式20,000株		(3) 2,000,000円	(14) 80,000円
		B投資信託		1,000,000円	10,000円
不動産	現に自ら使用しているもの	○○県○○市○○×-×	本社	(4) 100,000,000円	(15) 6,000,000円
		同上所在の建物		50,000,000円	
		上記に係る建物付属設備(電気工事一式)		5,000,000円	
		○○県△△市○○×-× 所在の土地 $600m^2$ のうち3分の2部分	営業所及び従業員宿舎	120,000,000円	0円
		同上所在の建物のうち、3〜6F部分		30,000,000円	
		上記に係る建物付属設備(電気工事)		1,000,000円	
	現に自ら使用していないもの	○○県△△市○○×-× 所在の土地 $600m^2$ のうち3分の2部分	子会社(承継運送株式会社)へ賃貸	(5) 60,000,000円	(16) 0円
		同上所在の建物のうち、1F、2F部分		15,000,000円	
		上記に係る建物付属設備(電気工事)		250,000円	

［図表3-4］特例贈与認定申請書の様式と記入例（先代経営者から後継者への贈与）⑥

ゴルフ場その他の施設の利用に関する権利	事業の用に供することを目的として有するもの	–	–	(6) –円	(17) –円
	事業の用に供することを目的としないで有するもの	Cゴルフクラブ会員権 Dリゾート会員権		(7) 3,000,000円 1,000,000円	(18) 0円 0円
絵画、彫刻、工芸品その他の有形の文化的所産である動産、貴金属及び宝石	事業の用に供することを目的として有するもの	–	–	(8) –円	(19) –円
	事業の用に供することを目的としないで有するもの	絵画E	社長室展示用	(9) 0円	(20) 2,000,000円
現金、預貯金等	現金及び預貯金その他これらに類する資産	現金 当座貯金 定期預金 保険積立金		(10) 100,000,000円 200,000,000円 30,000,000円 20,000,000円	(21) 0円 0円 10,000円 0円
	経営承継受贈者及び当該経営承継受贈者に係る同族関係者等（施行規則第1条第12項第2号ホに掲げる者をいう。）に対する貸付金及び未収金その他これらに類する資産	短期貸付金 預け金	承継 一郎に対する貸付金 承継運送株式会社への預け金	(7) 5,000,000円 40,000,000円	(22) 0円 0円

特定資産の帳簿価額の合計額	(23)=(2)+(3)+(5)+(7)+(9)+(10)+(11) 474,750,000円	特定資産の運用収入の合計額	(25)=(13)+(14)+(16)+(18)+(20)+(21)+(22) 5,100,000円
資産の帳簿価額の総額	(24) 1,000,000,000円	⓯ 総収入金額	(26) 500,000,000円

認定申請基準事業年度終了の日以前の5年間（贈与の日前の期間を除く。）に経営承継受贈者及び当該経営承継受贈者に係る同族関係者に対して支払われた剰余金の配当及び損金不算入となる給与の金額	剰余金の配当等	(27) –円
	損金不算入となる給与	(28) –円

特定資産の帳簿価額等の合計額が資産の帳簿価額等の総額に対する割合	(29)=((23)+(27)+(28))/((24)+(27)+(28)) 47.4%	特定資産の運用収入の合計額が総収入金額に占める割合	(30)=(25)/(26) 1.0%

会社法第108条第1項第8号に掲げる事項について定めがある種類の株式(*3)の発行の有無	有□　無☑

(*3)を発行している場合にはその保有者	氏名（会社名）	住所（会社所在地）
	–	–
総収入金額（営業外収益及び特別利益を除く。）	450,000,000円	

※中小企業庁ウェブサイトより

[図表3-4] 特例贈与認定申請書の様式と記入例（先代経営者から後継者への贈与）⑦

（別紙2）

認定中小企業者の常時使用する従業員の数
及び特別子会社について

1　認定中小企業者が常時使用する従業員の数について

常時使用する従業員の数	贈与の時 (a)+(b)+(c)-(d) 100人
厚生年金保険の被保険者の数	(a) 95人
厚生年金保険の被保険者ではなく 健康保険の被保険者である従業員の数	(b) ← ⓰ 7人
厚生年金保険・健康保険のいずれの 被保険者でもない従業員の数	(c) ← ⓱ 1人
役員（使用人兼務役員を除く。）の数	(d) ← ⓲ 3人

2　贈与の時以後における認定中小企業者の特別子会社について

区分			特定特別子会社に　(該当) / 非該当
会社名			承継運送株式会社
会社所在地			○○県△△市○○×-×
主たる事業内容			運輸業
資本金の額又は出資の総額			10,000,000円
総株主等議決権数			(a)　100個
株主又は社員	氏名（会社名）	住所（会社所在地）	保有議決権数及びその割合
	株式会社 承継商事	○○県○○市 ○-○-○	(b)　100個 (b)/(a)　100%

※中小企業庁ウェブサイトより

[図表3-5] 特例贈与認定申請書の主な添付書類（先代経営者から後継者への贈与）

①認定申請書（原本１部、写し１部）様式第７の３

②定款の写し
※贈与認定申請基準日時点で有効なもの

③株主名簿の写し
※以下のすべての時点のもの
・贈与者が代表者であった期間のうちいずれかのとき
・贈与の直前
・贈与のとき（贈与の直後）
・第一種特例贈与認定申請基準日

④登記事項証明書（履歴事項全部証明書）
※贈与認定申請基準日以降に取得したもので、後継者が３年以上役員に就任していて贈与時に代表者に就任していたことなどがわかるもの

⑤贈与契約書及び贈与税額の見込み額を記載した書類
※１株当たりの評価額、その贈与により後継者が贈与を受けた株式数、納税猶予を受けようとする贈与税額などの事項が記載されていること。相続時精算課税の適用を受ける場合はそれがわかるようにする

⑥従業員数証明書
※厚生年金保険の標準報酬月額決定通知書、健康保険の標準報酬月額決定通知書、その他資料

⑦贈与認定申請基準年度の決算書類
※資産管理会社に該当しない場合は、贈与の日の３年前の日を含む事業年度以後の各事業年度分の決算関係書類等を添付

⑧上場会社等及び風俗営業会社のいずれにも該当しない旨の誓約書

⑨特別子会社・特定特別子会社に関する誓約書
※⑧の内容に加えて外国会社に該当しないことの項目もある

⑩贈与者・受贈者・その他の一定の親族の戸籍謄本等

⑪特例承継計画（様式第21）又はその確認書（様式第22）
※特例承継計画の変更申請をした場合は変更後の確認書（様式第24）

⑫その他、認定の参考となる書類

⑬返信用封筒

（注）⑥⑧⑨のひな形は中小企業庁のウェブサイト参照
（www.chusho.meti.go.jp/zaimu/shoukei/2018/180802tokurei_zouyo1.pdf）

特例贈与認定申請書記入上の注意点

事例で示した特例贈与認定申請書の記載例は、中小企業庁のウェブサイトに掲載されているので、詳細は同サイトをご覧ください。ここでは、記載する上で重要なポイントを、先ほどの記入例に従って説明しておきます。該当個所は申請書の❶～⓲の矢印で示した部分です。

〈申請書の冒頭〉

・「代表者の氏名」に押す印〔❶〕は、会社印であり、個人印ではない

〈「1　特例承継計画の確認について」の欄〉

・「確認の有無」〔❷〕は、特例承継計画を提出して都道府県の確認通知を受けていれば、「有」にチェックを入れる。特例承継計画未提出の場合は、遅くとも本申請と一緒に提出する必要がある

・「特例後継者の氏名」〔❸〕は、1名のみ記載。複数の後継者がいる場合は後継者ごとに本申請書の作成が必要

〈「2　贈与者及び第一種特例経営承継受贈者について」の欄〉

・「第一種特例贈与」とは、先代経営者から後継者への特例贈与のこと。先代経営者以外の者からの特例贈与は「第二種特例贈与」となる。先代経営者からの第一種特例贈与が必ず先行しなければならない

・「第一種特例贈与認定申請基準日」〔❹〕とは、次のいずれかの日である

イ　贈与日が1月1日から10月15日までの場合（ハの場合を除く）→10月15日

ロ　贈与日が10月16日から12月31日までの場合→贈与日

ハ　贈与日の年の5月15日前に先代経営者または後継者が死亡（相続開始）した場合
　→相続開始日の翌日から5カ月を経過する日

・「贈与税申告期限」〔❺〕は、土日や祝日に当たるときは翌日が申告期限

・「第一種特例贈与認定申請基準事業年度」〔❻〕とは、次の期間の合計

ニ　贈与日の直前の事業年度

ホ　贈与認定申請基準日の翌日の属する事業年度の直前の事業年度

ヘ　ニとホの間の各事業年度

・「総株主等議決権数」〔❼〕には、完全に議決権がないものは除かれるが、制限があって

も一部でも議決権のあるものは含む。したがって、単位は「株」ではなく「個」

・❽でいう贈与とは、特例措置の認定を受けた贈与のこと。株式贈与は一括で行わなければならず、分割して二度認定を受けることはできない

・❾の残数は、完全な議決権のある株式に限られ、一部でも議決権のないものは除かれる。したがって、単位は「個」ではなく「株」。❼との違いに注意

・❿は、後継者が１人の場合、❾以上の株式数（記載例では５６７株以上）を贈与する必要がある。つまり後継者の持株数が全株式数の３分の２以上になるような株式の贈与をしなければならない

・⓫は、受贈者（後継者）が過去に一般措置による贈与を受けたかどうかの有無。「有」であれば特例措置の贈与を受けることはできない

〈「3　贈与者が第一種特例経営承継受贈者へ……について」の欄〉

・通常は「該当無し」欄にチェックを入れるだけで、他は記入する必要はない

・該当のある再贈与とは、本申請の贈与者が過去に先代から一般措置で認定を受け、贈与税の納税猶予をされている場合をいう

〈「別紙1」の欄〉

・「主たる事業内容」〔⓬〕は、事業承継税制での中小企業者の定義の製造業その他、卸売業、小売業、サービス業などが判別できるように記載する

・「資本金の額又は出資の総額」〔⓭〕は、贈与認定申請基準日における額を記載

・「帳簿価額」〔⓮〕は、期末簿価で記載

・「総収入金額」〔⓯〕は、損益計算書の売上高、営業外収益、特別利益の合計額を記載。ただし、固定資産や有価証券の売却がある場合は、売却対価の金額に直して加算

〈「別紙2」の欄〉

・（b）〔⓰〕は70歳以上75歳未満の従業員や役員、（c）〔⓱〕は75歳以上の従業員、（d）〔⓲〕は（a）（b）のうちの役員の数

提出された特例認定申請書が認定されると認定書が、認定が認められないときは認定しない旨の通知書が都道府県より交付されます。認定の有効期限は、最初の贈与の贈与税申告期限の翌日（相続の場合は最初の相続税の申告期限の翌日）から5年経過日です。

03

株式贈与実行時の税務署への贈与税の申告手続き

POINT

贈与翌年の春までに申告するが
その際は担保の提供を要する

贈与税の申告期限は贈与翌年の3月15日

贈与を実行した場合には申告期限までに贈与税の申告をします。税理士に依頼して申告してもらいます。申告は、贈与を受けた日の翌年2月1日から3月15日の間です。申告期限の翌日（3月16日）から贈与税の納税猶予が開始になります。

贈与税申告書に添付する主な書類は次ページのとおりですが、都道府県に提出した申請書などの添付や担保提供書関係の書類も必要です。相続時精算課税を選択する場合は相続時精算課税選択届出書の届出もしておかなければなりません。

贈与税申告時には担保提供が必要

事業承継税制の納税猶予（贈与税または相続税）を受けるためには、贈与税申告書の提出期限までに納税猶予分の贈与税額（猶予期間中の利子税額を含む）に相当する担保を提供しなければなりません。担保として提供できるのは、不動産や有価証券（国債など）、保証人の保証などですが、後継者が承継会社の全株式（譲渡制限株を含む）を担保として提供することでも担保提供と認められます。

実際は全株式の担保提供を行うことが多くなっています。この場合、担保額の価値に満たなくてもかまいません。

なお、担保株式が合併や組織変更、株式分割など「担保の全部又は一部に変更があった場合」には、税務署から増担保要求が行われるので要注意です。

［図表3-6］特例措置の贈与税申告書の主な添付書類

- 都道府県に提出した特例承継計画の確認申請書の写し（様式第21）
- 都道府県から交付された確認書の写し（様式第22）
- 都道府県に提出した認定申請書の写し（様式第7の3）
- 都道府県から交付された認定書の写し（様式第9）
- 承継会社の定款の写し
- 株主名簿の写し
  ※贈与直前及び贈与時
- 登記事項証明書（履歴事項全部証明書）
- 贈与契約書の写し
- 従業員数証明書
- 贈与認定基準年度の決算書（貸借対照表、損益計算書など）
- 後継者の戸籍謄本または抄本
- 担保提供書及び担保関係書類
- 相続時精算課税選択届出書及び添付書類
  ※相続時精算課税の適用を受ける場合

04 経営承継期間中（5年間）の「年次報告書」の提出手続き

POINT
毎年、3月16日～6月15日の間に報告書を都道府県に提出

贈与の実行後は5年間、毎年1回の年次報告書を提出

贈与を実行して贈与税の納税猶予開始後の経営承継期間（特例贈与承継期間）中の5年間は、毎年、都道府県に年次報告書を提出しなければなりません。報告確認後には、都道府県から要件に該当する旨の確認書が交付されます。

毎年の提出時期は、最初の贈与の申告期限の翌日から起算して1年経過する日（報告基準日）の翌日から3カ月後までです。贈与の申告期限は3月15日ですから、毎年3月16日から6月15日までの間に年次報告書を提出することになります。これに間に合うように、税理士に作成を依頼します。

経営承継期間中の5年間に納税猶予を維持するための事業継続要件は、主に後継者が代表者であることと株式の継続保有ですから、年次報告書の記載項目もこれらが確認できる

項目が求められます。

年次報告書の様式は次ページのようなもの（様式第11）ですが、特例措置のすべての報告者に共通しています。先代経営者から後継者への特例贈与の場合は、「第一種特別贈与認定中小企業者」の欄にチェックを入れます。

年次報告書は、報告基準日において、報告基準期間の納税猶予の適用要件（株式数等の要件、資産管理会社に該当しない要件などの事業継続の要件）が維持されているか否かの確認が目的です。報告基準期間とは、報告基準日の属する年の前年の報告基準日の翌日から当年の報告基準日までの間です。

また、報告基準事業年度とは、報告基準日の属する年の前年の報告基準日の翌日の属する事業年度から年次報告時の報告基準日の翌日の属する事業年度の直前の事業年度までの各事業年度のことです。例えば、贈与の場合には、報告基準日が3月15日になりますので、その翌日の3月16日が含まれる事業年度のことを言います。12月決算法人であれば、直前の12月に終わった1年間の事業年度が報告基準事業年度です。

[図表3-7] 特例措置で都道府県に提出する「年次報告書」の様式①

様式第 11

年次報告書

年　月　日

都道府県知事　殿

郵 便 番 号
会社所在地
会　社　名
電 話 番 号
代表者の氏名　　　　　印

中小企業における経営の承継の円滑化に関する法律施行規則第 12 条第 1 項又は第 3 項の規定(当該規定が準用される場合を含む。)により、下記の種別に該当する報告者として別紙の事項を報告します。

記

報告者の種別と申請基準日等について

報告者の種別	□第一種特別贈与認定中小企業者　□第二種特別贈与認定中小企業者 □第一種特別相続認定中小企業者　□第二種特別相続認定中小企業者 □第一種特例贈与認定中小企業者　□第二種特例贈与認定中小企業者 □第一種特例相続認定中小企業者　□第二種特例相続認定中小企業者	
報告者に係る認定の認定年月日等	認定年月日及び番号	年　月　日（　号）
	認定申請基準日	年　月　日
	報告基準日	年　月　日
	報告基準期間	年　月　日から　年　月　日
	報告基準事業年度	年　月　日から　年　月　日

※中小企業庁ウェブサイトより

[図表3-7] 特例措置で都道府県に提出する「年次報告書」の様式②

（別紙 1）

第 ＿ 種 ＿＿ ＿＿ 認定中小企業者に係る報告事項①

（認定年月日：　　年　　月　　日、認定番号：　　　　　）

1　経営承継受贈者（経営承継相続人）について

<table>
<tr><td colspan="4">贈与報告基準日（相続報告基準日）における総株主等議決権数</td><td colspan="2">(a)　個</td></tr>
<tr><td colspan="4">氏名</td><td colspan="2"></td></tr>
<tr><td colspan="4">住所</td><td colspan="2"></td></tr>
<tr><td colspan="5">贈与報告基準日（相続報告基準日）における同族関係者との保有議決権数の合計及びその割合</td><td>(b)+(c)　個
((b)+(c))/(a)　%</td></tr>
<tr><td rowspan="6"></td><td colspan="4">贈与報告基準日（相続報告基準日）における保有議決権数及びその割合</td><td>(b)　個
(b)/(a)　%</td></tr>
<tr><td colspan="4">適用を受ける租税特別措置法の規定及び当該指定の適用を受ける株式等に係る議決権数（*1）
（本認定番号の認定に係る株式等に係る議決権数のみを記載。）
□第70条の7　□第70条の7の5
□第70条の7の2　□第70条の7の6
□第70条の7の4　□第70条の7の8</td><td>個</td></tr>
<tr><td colspan="4">（*1）のうち贈与報告基準日（相続報告基準日）までに譲渡した数</td><td>個</td></tr>
<tr><td rowspan="2">贈与報告基準日（相続報告基準日）における同族関係者</td><td>氏名（会社名）</td><td colspan="2">住所（会社所在地）</td><td>保有議決権数及びその割合</td></tr>
<tr><td></td><td colspan="2"></td><td>(c)　個
(c)/(a)　%</td></tr>
</table>

以下略

（別紙 2）

第 ＿ 種 ＿＿ ＿＿ 認定中小企業者に係る報告事項②

（認定年月日：　　年　　月　　日、認定番号：　　　　　）

1　認定中小企業における特定資産等について

<table>
<tr><td colspan="6">贈与報告基準事業年度（相続報告事業年度）（　年　月　日から　年　月　日まで）における特定資産等に係る明細表</td></tr>
<tr><td colspan="2">種別</td><td>内容</td><td>利用状況</td><td>帳簿価額</td><td>運用収入</td></tr>
<tr><td rowspan="3">有価証券</td><td>特別子会社の株式又は持分（（*2）を除く。）</td><td></td><td></td><td>(1)　円</td><td>(12)　円</td></tr>
<tr><td>資産保有型子会社又は資産運用型子会社に該当する特別子会社の株式又は持分（*2）</td><td></td><td></td><td>(2)　円</td><td>(13)　円</td></tr>
<tr><td>特別子会社の株式又は持分以外のもの</td><td></td><td></td><td>(3)　円</td><td>(14)　円</td></tr>
<tr><td rowspan="2">不動産</td><td>現に自ら使用しているもの</td><td></td><td></td><td>(4)　円</td><td>(15)　円</td></tr>
<tr><td>現に自ら使用していないもの</td><td></td><td></td><td>(5)　円</td><td>(16)　円</td></tr>
</table>

以下略

※中小企業庁ウェブサイトより

具体的な報告内容は、年次報告書の別紙1と別紙2に次のような項目で記載します。

〈別紙1の記載項目〉

1　経営承継受贈者（経営承継相続人）について
株式の保有が要件どおりに維持されているかについての報告記載項目です。

2　過去に納税猶予制度を活用したことがある場合の内容について
過去に納税猶予制度を受けていないのであれば、該当無しにチェックし、あとは記入不要です。

3　認定中小企業者について
会社の要件（中小企業に該当、従業員数、代表権の維持）についての報告記載項目になります。

4　特別子会社について
特別子会社とは、会社の代表者と同族関係者で合わせて過半数の議決権を持っている子会社です。特別子会社が持つ親会社（後継者の承継会社）の議決権も承継会社の同族関係者の議決権数に含まれます。

〈別紙2の記載項目〉

「認定中小企業者における特定資産等について」の記載項目で、資産管理会社の該当の有無を確認する報告記載項目です。

05 納税猶予維持のための税務署への「継続届出書」の提出手続き

POINT
税務署にも毎年1回
届出書を出す必要がある

税務署へも5年間、毎年1回の継続届出書を提出

経営承継期間中（贈与または相続）の5年間は、都道府県への年次報告書だけでなく、税務署へも毎年1回、「継続届出書」を提出する必要があります。

継続届出書の提出期限（届出期限）は、経営承継期間中の場合、報告基準日（第一種贈与基準日：毎年の贈与税の申告書の提出期限〈3月15日〉）の翌日から5カ月経過日（つまり毎年8月15日）です。相続の場合も同様に、報告基準日（第一種基準日：毎年、相続開始から10カ月後に当たる日）の翌日から5カ月経過日です。

継続届出書が届出期限までに提出されない場合、届出期限の翌日から2カ月経過日に納税猶予期間が確定（納税猶予の取り消し）となります。

特例措置の継続届出書の様式は次ページのようなものですが、届出書用紙の下部に記載

[図表3-8] 特例措置で税務署に提出する「継続届出書」の様式①

非上場株式等についての 贈与税／相続税 の納税猶予の継続届出書（特例措置）

税務署受付印

＿＿＿＿年＿＿月＿＿日

＿＿＿＿＿＿税務署長

〒
届出者　住所＿＿＿＿＿＿＿＿＿＿＿＿＿＿

氏名＿＿＿＿＿＿＿＿＿＿＿＿＿＿印
（電話番号　　－　　－　　）

租税特別措置法 第70条の７の５第１項／第70条の７の６第１項／第70条の７の８第１項 の規定による 贈与税／相続税 の納税の猶予を引き続いて受けたいので、

次に掲げる税額等について確認し、同条 第６項／第７項／第６項 の規定により関係書類を添付して届け出ます。

※欄は記入しないでください。

非上場株式等の	贈与を受けた／相続（遺贈）があった 年月日	年　月　日	
贈与者／被相続人	住所		氏名

この届出書は、特例認定（贈与・相続）承継会社、贈与者・被相続人ごとに作成してください。

1　経営（贈与・相続）報告基準日（以下「基準日」といいます。）　＿＿＿＿年＿＿月＿＿日

2　１の基準日における猶予中 贈与税／相続税 額　＿＿＿＿＿＿＿＿円

3　１の基準日において有する特例対象（受贈・相続）非上場株式等（以下「**非上場株式等**」といいます。）の数又は金額　＿＿＿＿＿＿＿株（口・円）

【非上場株式等の内訳等】※　記載に当たっては、裏面の記載方法等の「２」をご覧ください。

	贈与年月日	贈与者の氏名	贈与者の住所	左記の贈与者が贈与した株式等の数又は金額
イ	・　・			株（口・円）
ロ	・　・			株（口・円）

4　特例認定（贈与・相続）承継会社の名称　＿＿＿＿＿＿＿＿

5　１の基準日の直前の経営（贈与・相続）報告基準日の翌日から当該基準日までの間に、特例経営承継者につき納税の猶予に係る期限が到来した猶予中贈与税・相続税額がある場合、差額免除・追加免除に係る贈与税・相続税額の通知があった場合又は再計算免除贈与税・相続税額の通知があった場合には、その明細を「納税の猶予に係る期限が到来した猶予中贈与税・相続税額、差額免除・追加免除により免除された猶予中贈与税額・相続税額又は再計算免除贈与税・相続税額の明細書（特例措置）」に記載の上、この届出書に添付して提出してください。

【 添付書類 】　特例認定（贈与・相続）承継会社に係る基準日における次に掲げる書類
① 定款の写し
② 登記事項証明書（基準日以後に作成されたものに限ります。）
③ 株主名簿の写しその他の書類で特例認定（贈与・相続）承継会社の株主又は社員の氏名又は名称及び住所又は所在地並びにこれらの者が有する特例認定（贈与・相続）承継会社の株式等に係る議決権の数が確認できる書類（特例認定（贈与・相続）承継会社が証明したものに限ります。）
④ 基準日の直前の経営（贈与・相続）報告基準日の翌日から基準日までの間に終了する各事業年度の特例認定（贈与・相続）承継会社の貸借対照表及び損益計算書
⑤ 中小企業における経営の承継の円滑化に関する法律施行規則第12条第19項、第22項、第24項若しくは第26項において準用する同条第２項又は同規則第12条第20項、第23項、第25項若しくは第27項において準用する同条第４項の報告書の写し及び当該報告書に係る同条第31項の確認書の写し
⑥ 基準日が特例経営（贈与・相続）承継期間の末日であり、租税特別措置法施行規則第23条の12の２第15項第６号、同規則第23条の12の３第15項第６号（同規則第23条の12の５第15項において準用する場合を含みます。）の規定に該当する場合（裏面の４参照）には、中小企業における経営の承継の円滑化に関する法律施行規則第20条第３項の報告書の写し及び当該報告に係る同条第14項の確認書の写し
⑦ 基準日の直前の経営（贈与・相続）報告基準日（基準日が最初の経営（贈与・相続）報告基準日の場合は、贈与税・相続税の申告書の提出期限）の翌日から基準日までの間に会社分割又は組織変更があった場合には、会社分割に係る吸収分割契約書若しくは新設分割計画書の写し又は組織変更に係る組織変更計画書の写し
⑧ 基準日の直前の経営（贈与・相続）報告基準日の翌日から基準日までの間に合併又は株式交換等があった場合には、裏面の５に掲げる書類

（注）　基準日が最初の「非上場株式等についての贈与税・相続税の納税猶予及び免除の特例」の適用に係る贈与税又は相続税の申告書の提出期限の翌日以後５年を経過する日のいずれか早い日以前である場合には②及び④の書類、当該いずれか早い日の翌日以後である場合は⑤の書類の提出は必要ありません。

関与税理士		電話番号	

※	通信日付印の年月日	確認印	入力	確認	納税猶予番号
	年　月　日				

（資12②－38－Ａ４統一）（平30.12）

※国税庁ウェブサイトより

［図表3-8］特例措置で税務署に提出する「継続届出書」の様式②

（裏）
記載方法等

1　次に掲げる方は、それぞれ次に掲げる提出期限までに贈与税・相続税の納税猶予を引き続き受けたい旨税務署長に届け出る必要があります。

⑴　非上場株式等についての贈与税・相続税の納税猶予及び免除の特例（租税特別措置法第70条の7の5第1項・同法第70条の7の6第1項）の適用を受けている方

イ　特例経営（贈与）承継期間(注1)の場合　　第一種（贈与）基準日(注2)の翌日から5か月を経過する日

ロ　特例経営（贈与）承継期間の末日の翌日から猶予中贈与税・相続税額に相当する贈与税・相続税の全部についてその猶予期限が確定するまでの期間　　第二種（贈与）基準日(注3)の翌日から3か月を経過する日

（注1）「特例経営（贈与）承継期間」とは、贈与税・相続税の申告書の提出期限の翌日から、①特例経営承継者又は特例経営承継者の最初の「非上場株式等についての贈与税の納税猶予及び免除の特例」の適用に係る贈与税の申告書の提出期限の翌日以後5年を経過する日と②特例経営承継者の最初の「非上場株式等についての相続税の納税猶予及び免除の特例」の適用に係る相続税の申告書の提出期限の翌日以後5年を経過する日のいずれか早い日又は特例経営承継者若しくは特例経営承継者に係る贈与者の死亡の日の前日のいずれか早い日までの期間をいいます。

（注2）「第一種（贈与）基準日」とは、「非上場株式等についての贈与税・相続税の納税猶予及び免除の特例」の適用を受ける最初の贈与税・相続税の申告書の提出期限の翌日から起算して1年を経過するごとの日をいいます。

（注3）「第二種（贈与）基準日」とは、特例経営（贈与）承継期間の末日の翌日から3年を経過するごとの日をいいます。

⑵　非上場株式等の特例贈与者が死亡した場合の相続税の納税猶予及び免除の特例（租税特別措置法第70条の7の8第1項）の適用を受けている方

イ　特例経営相続承継期間(注4)の場合　　第一種相続基準日(注5)の翌日から5か月を経過する日

ロ　特例経営相続承継期間の末日の翌日から猶予中相続税額に相当する相続税の全部についてその猶予期限が確定するまでの期間　　第二種相続基準日(注6)の翌日から3か月を経過する日

（注4）「特例経営相続承継期間」とは、「非上場株式等についての贈与税の納税猶予及び免除の特例」の適用に係る贈与税の申告書の提出期限の翌日から①特例経営承継者の最初の「非上場株式等についての贈与税の納税猶予及び免除の特例」の適用に係る贈与の日の属する年分の贈与税の申告書の提出期限の翌日以後5年を経過する日と②特例経営承継者の最初の「非上場株式等についての相続税の納税猶予及び免除の特例」の適用に係る相続税の申告書の提出期限の翌日以後5年を経過する日のいずれか早い日までの間に当該贈与に係る贈与者について相続が開始した場合における当該相続の開始の日から①と②のいずれか早い日又は当該贈与に係る特例経営承継者の死亡の日の前日のいずれか早い日までの期間をいいます。

（注5）「第一種相続基準日」とは、贈与税の申告書の提出期限（特例経営承継者が「非上場株式等についての贈与税の納税猶予及び免除の特例」の適用を受ける前に特例認定相続承継会社の非上場株式等について「非上場株式等についての相続税の納税猶予及び免除の特例」の適用を受けている場合には、相続税の申告書の提出期限）の翌日から起算して1年を経過するごとの日をいいます。

（注6）「第二種相続基準日」とは、特例経営相続承継期間の末日の翌日から3年を経過するごとの日をいいます。

2　3の【非上場株式等の内訳等】欄は、基準日において特例経営承継者が有する非上場株式等の全部又は一部が贈与者の免除対象贈与(※)により取得したものである場合（基準日の直前の経営（贈与・相続）報告基準日の翌日から当該基準日までの間に非上場株式等の内訳等につき変更があった場合に限ります。）に記載してください。

※「免除対象贈与」とは、租税特別措置法施行規則第23条の12の2第14項第7号に規定する贈与をいいます。

3　「特例経営承継者」とは、

イ　「非上場株式等についての贈与税の納税猶予及び免除の特例」（租税特別措置法第70条の7の5第1項）の適用を受けている方は、同条第2項第6号に規定する「特例経営承継受贈者」をいいます。

ロ　「非上場株式等についての相続税の納税猶予及び免除の特例」（租税特別措置法第70条の7の6第1項）の適用を受けている方は、同条第2項第7号に規定する「特例経営承継相続人等」をいいます。

ハ　「非上場株式等の特例贈与者が死亡した場合の相続税の納税猶予及び免除の特例」（租税特別措置法第70条の7の8第1項）の適用を受けている方は、同条第2項第1号に規定する「特例経営相続承継受贈者」をいいます。

4　中小企業における経営の承継の円滑化に関する法律施行規則に規定する雇用確保要件を満たさなかった場合をいいます。

5　基準日の直前の経営（贈与・相続）報告基準日の翌日からその基準日までの間に合併又は株式交換等があった場合には、次に掲げる書類も併せて提出してください。

（提出書類）

①　合併又は株式交換等に係る合併契約書又は株式交換契約書若しくは株式移転計画書の写し(※1)

②　次に掲げる書類（合併又は株式移転により合併承継会社又は交換等承継会社が設立される場合には、合併又は株式移転がその効力を生ずる直前に係るものを除きます。）

イ　合併又は株式交換等がその効力を生ずる日の属する事業年度の直前の事業年度における合併承継会社又は交換等承継会社の貸借対照表及び損益計算書(※1)

ロ　合併又は株式交換等がその効力を生ずる日における合併承継会社又は交換等承継会社の株主名簿その他の書類で合併承継会社又は交換等承継会社の全ての株主又は社員の氏名又は名称及び住所又は所在地並びにこれらの者が有する特例認定（贈与・相続）承継会社の株式等に係る議決権の数が確認できる書類（合併承継会社又は交換等承継会社が証明したものに限ります。）

ハ　合併又は株式交換等に係る中小企業における経営の承継の円滑化に関する法律施行規則第12条第21項又は第30項において準用する同条第9項又は第10項の報告書の写し及び当該報告書に係る同条第31項の確認書の写し(※2)

（※1）①及び②イの書類は、最初の「非上場株式等についての贈与税・相続税の納税猶予及び免除の特例」の適用に係る贈与又は相続に係る贈与税又は相続税の申告書の提出期限の翌日以後5年を経過する日のいずれか早い日までに合併又は株式交換等があった場合には提出する必要はありません。

（※2）②ハの書類は、（※1）のいずれか早い日の翌日以後に合併又は株式交換等があった場合には提出する必要はありません。

※国税庁ウェブサイトより

されている①～⑧の添付書類が必要となります。都道府県への年次報告書の添付書類と同じものもありますが、年次報告書の写しや年次報告書の確認書の添付なども必要です。

5年経過後は3年に1回、税務署に継続届出書を提出

経営承継期間終了後（5年経過後）も、納税猶予を維持するためには税務署への継続届出書を3年に1回提出する必要があります。届出期限は報告基準日の翌日から3カ月経過日と、経営承継期間のときより短くなるため要注意です。相続の継続届出書も同様です。

5年経過後は事業承継要件が緩和されるため、都道府県の年次報告書の写しや年次報告書の確認書の添付は不要になります。

経営承継期間終了後は都道府県への年次報告書は不要になりますが、5年経過から4カ月以内に都道府県に特例承継計画に関する報告書を提出する必要があります。このとき、5年平均の従業員数が8割を下回っていた場合は、その理由を都道府県に報告しなければなりません（認定支援機関の所見添付が必要）。

5年経過後は、従業員数の確保などの要件はなくなりますが、納税猶予継続には後継者の株式保有要件を先代経営者（または後継者）の相続時まで維持する必要があります。

06 相続税の納税猶予への切り替え手続き（相続発生時）

POINT
先代経営者の死亡などで相続が発生した際の手続きを押さえる

贈与税納税猶予中に相続が発生した場合は相続税の納税猶予に切り替える

後継者が経営承継期間（5年間）終了後も、税務署に継続届出書を出し続けている間は納税猶予が継続されます。納税猶予が終了するのは、相続が発生したとき（先代経営者の死亡または後継者の死亡）です。

後継者の贈与税納税猶予期間中に先代経営者が死亡した場合、贈与税の納税猶予分は免除になりますが、納税猶予されていた株式は先代経営者の相続財産として加算されて、後継者に相続税がかかってきます。そのため、贈与税の免除の手続きと相続税への納税猶予切り替えの手続きが必要です。切り替えのイメージは次ページの図のようになります。

贈与税の免除手続きは、まず都道府県に切替確認申請（死亡日の翌日から8カ月以内）を行います。切替確認を受けることによって納税猶予を贈与税から相続税に切り替えるこ

[図表3-9] 特例措置の贈与税納税猶予から相続税納税猶予への切り替え

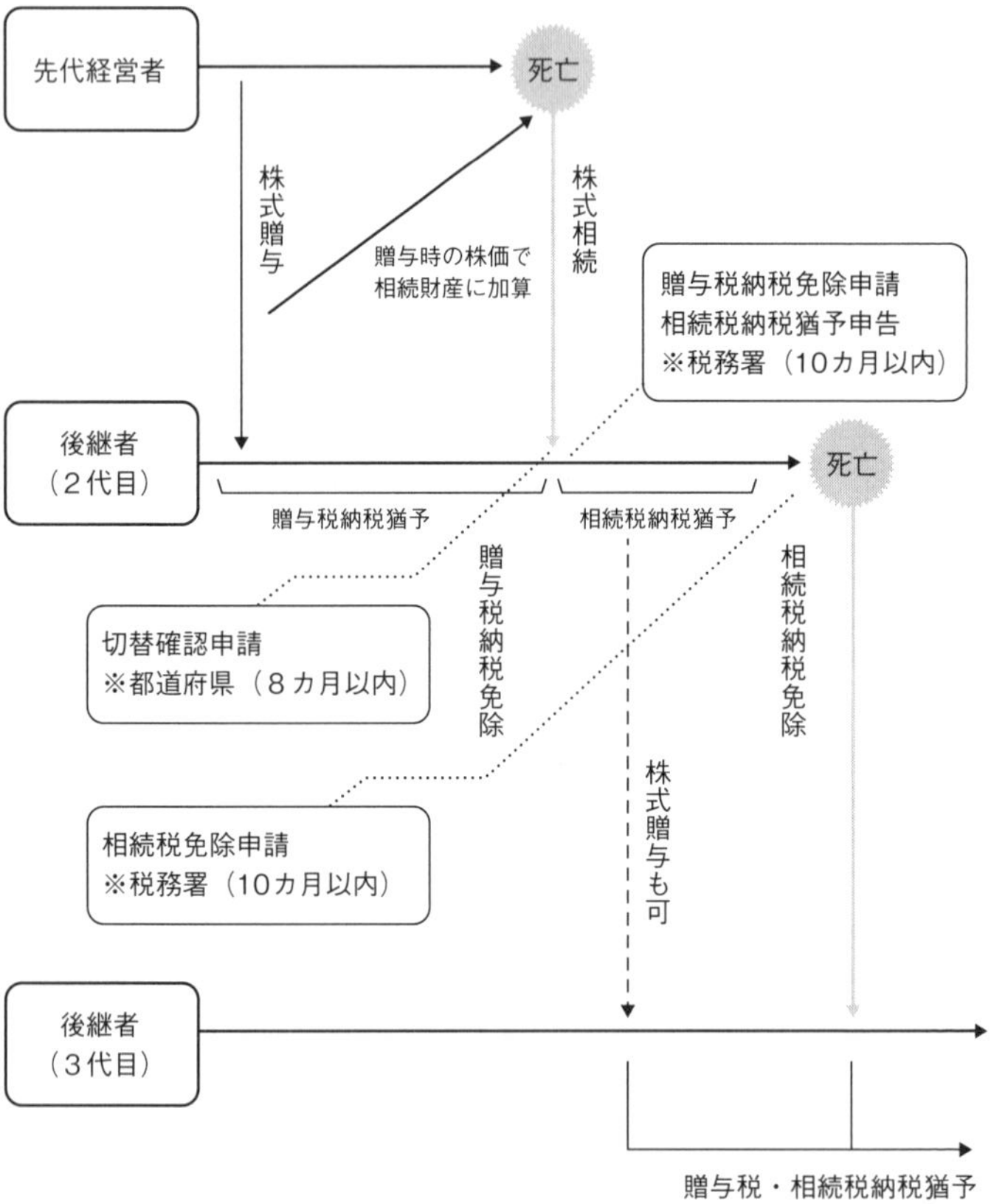

（注）2代目から3代目への贈与・相続の手続きも同じ

とができます。なお、贈与税の特例措置を受けておけば、相続の発生が特例措置の期限の2027年12月31日を過ぎていても、特例措置による相続税の納税猶予が適用されます。

切替確認申請がすんだら税務署に相続税申告を行い、相続税の納税猶予の申告と担保提供（通常は贈与のときに担保提供していた承継会社の全株式）を行います。税務署への申告は、死亡日の翌日から10カ月以内です。

相続の納税猶予の開始後は、相続から特例措置を利用したのと同じ手順で3年に1回、税務署に継続届出書を提出すれば、相続税の納税猶予が継続できます。なお、経営承継期間中に死亡した場合は、残りの期間が経営承継期間として引き継がれます。例えば、経営承継期間3年経過後に相続が発生した場合は、相続税納税猶予を引き継いだ後継者は相続開始後2年間は都道府県への年次報告書と税務署への継続届出書を毎年提出する必要があります。

先代経営者から相続で引き継いだ相続税の納税猶予は、後継者の死亡または次の後継者（3代目）の贈与時に免除となります。3代目の後継者の手続きは2代目の後継者のときと同じですが、特例措置が適用されるためには特例承継計画の提出と贈与・相続が特例措置の期間内に行われる必要があります。

07

こんなときは納税猶予が取り消しになる

POINT

5年の特例経営承継期間中だけの要件と5年経過後も続く要件がある

5年間限定の要件と期間限定のない要件がある

事業承継税制の納税猶予（贈与税または相続税）が取り消される要件には、特例経営承継期間中（贈与または相続の納税猶予開始後5年間）だけ制限される項目と、5年経過後も納税免除時まで制限が続く期間制限のない項目とがあります。

特例措置の場合の主な項目は、次ページの図に示したようなものがあります。納税猶予が取り消された場合には、納税猶予期限が確定（終了）し、猶予されていた納税額を利子税とともに原則として期限確定日から2カ月以内に納めなければなりません。

後継者は5年間株式を維持しなければならない

5年間限定の制限の一つに、従業員の平均8割を維持しなければならない雇用確保要件

［図表3-10］特例措置の納税猶予が取り消しになる主なケース

〔特例経営承継期間中〕　納税猶予（贈与税、相続税）の開始後5年間

・税務署、都道府県への毎年の届出を怠った場合
・後継者が代表者を退任した場合
※身体障害者手帳の交付を受けた場合等を除く
・5年平均従業員数が承継時（贈与・相続の実施時）の80%を下回った場合※理由があれば下回っても可
・後継者を含む同族関係者の議決権が総議決件数の50%を下回った場合
・後継者以外の同族関係者の議決権が後継者の議決権を超えた場合
※後継者が筆頭株主でなくなったとき
・納税猶予対象株式を譲渡（売却）した場合
※一部でも譲渡すると取り消しとなる
・会社が破産、清算した場合

〔期間期限のない事項〕　特例経営承継期間終了後も免除時まで継続

・税務署への3年に1回の届出を怠った場合
・会社が資産管理会社になった場合
※従業員が5人以上いれば除外
・納税猶予対象株式の全部または一部を譲渡（売却）した場合
※譲渡分のみ取り消し
・本業の収入が0円になった場合
※本業以外の利息収入や家賃収入があっても不可

があります。一般措置では緩和措置がないので、最も気をつけなければならない要件です。しかし、特例措置の場合は、経営悪化などの理由があれば取り消しにならないため、基本的に心配する必要はありません。

それよりも、特例措置で最も注意しなければならないのは、後継者の株式の維持（議決権の確保）です。特に、経営承継期間の5年間は、後継者以外の者が後継者を超える持株数（議決権）を持つようなことがあってはなりません。後継者の経営支配力が確保できなくなるからです。また、原則として代表者の退任や株式の売却（譲渡）は認められません。期間制限のない制限事項において、「届出を怠る」というのはピンとこないかもしれませんが、うっかり忘れるリスクはあり得ます。

また、本業の収入が0円になっても、資産管理会社として不動産収入で会社を維持するケースは一般的にはよくあります。なお、資産管理会社に該当しても、該当日から6カ月以内に該当しなくなったときは取り消しになりません。また代表者の退任や株式の売却は認められますが、株式を売却した場合、売却分のみが取り消しになり、納税しなければならなくなります。

やむを得ない理由があれば取り消しにならない

取り消し要件に該当しても、やむを得ない理由があるときは納税猶予の取り消しを免れることができます。

主なものとしては、下の図のようなものがあります。

業績悪化とは、直前3期間のうち2期以上で経常赤字または減収、直前期末の借入金が売上の半分以上といった状態のことです。業績悪化による売却や解散、吸収合併などの場合は、売却時等の株価で再計算し、元の株価との差額は免除になります。

[図表3-11] やむを得ない理由となるケース

〈代表者の退任〉

・精神障害者保健福祉手帳（障害等級１級に限る）、身体障害者手帳（障害等級１級または２級に限る）の交付を受けたこと

・介護保険の要介護認定で要介護５の認定を受けたこと

・上記の事由に類すると認められること

〈その他〉

・業績悪化により、会社の株式を譲渡したり、他の会社に合併で吸収される場合には、そのときの株価で再計算して差額を免除

取り消しにならないための注意点を意識しよう

せっかくの納税猶予が取り消しになると、大きな負担が生じます。取り消しにならないように、特に以下のようなことには気をつけましょう。

- 株式の移動をしない
- 議決権を変えない
- 会社の形を変えない

第4章

特例措置活用のケーススタディ

この章では、会社や贈与者・後継者の状況、
株式保有比率などの異なる6つのケースを通して、
実際に活用する際のポイントや
考えておくべきことなどを解説します。

ケース01

自社株式の相続の有無による相続税納税額の違い

POINT
自社株式があることによって相続税額を押し上げてしまう

・状況……先代社長である父が死亡
・相続財産：4億円（うち自社株式3億円）・相続人：長男のみ（母はすでに死亡）

非課税の対象となるのは株式のみ

後継者が相続する財産は、自社株式だけではありません。事業承継税制で非課税の対象となるのは自社株式だけで、他の相続財産には相続税がかかってきます。

まず、シンプルなケースで後継者への株式相続が相続税に与える影響を考えてみましょう。相続財産を4億円（うち、事業承継税制の特例措置の対象株式の評価3億円）とし、相続人は後継者1人であるとします。この場合の相続税額は、図のように特例措置の納税猶予額が差し引かれて4820万円になります。このように、事業承継税制の適用株式と他の相続財産がある場合は、適用株式だけが相続財産と仮定した相続税分を全体の相続税額から差し引いて、実際の相続税納税額を計算します。

一見、納税額がかなり減って得なように見えます。しかし、もし相続財産として株式がなく、相続財産が1億円だったとしたら、相続税納税額は1220万円で済みます。つまり、自社株式があることによって相続税額を押し上げてしまうという影響があります。

このため、後継者以外の相続人がいる場合は、公平性を維持する配慮が必要になってきます。

［図表4-1］特例措置の適用株式の相続税額の計算方法

ステップ1　相続財産すべての課税価格について相続税額を計算する

4億円（相続財産） － 3,600万円（基礎控除） ＝ 3億6,400万円 …… 課税価格

3億6,400万円 × 50%（相続税率） － 4,200万円（控除額） ＝ 1億4,000万円 …… 相続税額

※基礎控除は3,000万円＋相続人1人につき600万円
※相続税率は3億円超6億円以下（第1章 p.56の相続税率表参照）

ステップ2　特例措置適用株式のみが相続財産と仮定したときの相続税額を計算する

3億円 － 3,600万円 ＝ 2億6,400万円 …… 課税価格

2億6,400万円 × 45%（相続税率） － 2,700万円（控除額） ＝ 9,180万円 …… 相続税額

※相続税率は2億円超3億円以下（同）

ステップ3　実際の相続税納税額を計算する

1億4,000万円（全体の相続税額） － 9,180万円（納税猶予額） ＝ 4,820万円 …… 相続税納税額

ケース **02**

自社株式以外の財産の配分で後継者への株式集中を行う

POINT

遺言によって遺留分を約束しトラブルを防ぐ

・状況……先代社長である父が死亡。トラブル対策として、先代経営者が遺言で遺留分を約束しておく

・相続財産：4億円（うち特例対象株式3億円）　・相続人：母（妻）、長男、長女

遺言書は他の相続人とのトラブルを防ぐ

先代経営者が死亡した場合、一般的に相続人は後継者だけではありません。ケース01で見たように、事業承継税制の適用を受ける自社株式と自社株式以外の相続財産がある場合、相続税額が高くなる分を後継者以外の相続人にも負担させてしまいます。そのため、後継者以外の相続人への配慮が必要になってきます。

相続時のトラブルを防ぐ有効な手段の一つとして「遺言」があります。先代経営者が遺

言書を書いて、相続財産の調整をしておくのです。

本ケースでは、相続財産4億円のうち3億円が事業承継税制の特例措置の対象となる自社株式です。法定相続分は配偶者が半分、子が合計半分ですので、このままでは後継者である長男に株式を集中させることができません。そこで、先代経営者が遺言で全株式を長男に集めるように指定します。

しかし、遺言があっても、権利として主張できる遺留分（法定相続分の半分）がありますから、長女には遺留分を保証しておきます。母（妻）は遺留分より少なくなりますが、後継者の親であるためトラブルにはならないでしょう。このように、トラブ

［図表4-2］相続財産の法定相続分と遺言による変更

	母（妻）	長男（後継者）	長女
法定相続分	2分の1 （2億円）	4分の1 （1億円）	4分の1 （1億円）

↓ 先代経営者が遺言書を書くことにより、相続人の権利は法定相続分から遺留分（法定相続分の半分）になる

	母（妻）	長男（後継者）	長女
遺留分	4分の1 （1億円）	8分の1 （5,000万円）	8分の1 （5,000万円）
遺言で指定	8分の1 （5,000万円）	4分の3 （3億円）	8分の1 （5,000万円）

後継者に株式を集める

長女に遺留分を保証する

ルを防ぐために、遅くとも70歳を超えたら必ず遺言書を書いておくべきでしょう。

また、この遺留分の計算から自社株式を除く（もしくは自社株式の価格を合意価格とする）ことができるという民法の特例も創設されました。この特例を使うには、相続人全員の合意が必要ですが、生前に父親を中心に話し合いをすることができれば、まとまる可能性もあると思われます。

この遺留分に関する民法の特例を使うためには、経済産業省への確認申請を行い、確認書の交付を受けた後に家庭裁判所へ申し立てを行い、許可を受ける必要があります。

ケース03

特例措置を活用して3人の後継者に株式を贈与し税負担軽減

POINT

贈与をしておくことによって相続税の軽減ができる

・状況……複数後継者に納税猶予が適用される贈与ができる特例措置を有効に使って、相続時の税負担を軽減したい
・株式：自社（2社）の株式は退任した先代社長である父（70歳）がすべて所有
・後継者：長男（45歳、A社社長）、次男（42歳、B社社長）、三男（38歳、B社専務）
・その他の関係者：母（68歳）

複数後継者に利用できるのが特例措置のメリット

特例措置を利用するメリットの一つに、複数の後継者に株式の納税猶予を適用できることがあります。一般措置の場合は、1人の後継者にしか使えません。

本ケースでは、食品製造会社（A社）と食品販売会社（B社）を経営していた先代経営

者が、経営を3人の息子に譲ったものの、株式はまだすべて自分で所有している状態です。

後継者は3人の息子で、長男はA社（従業員30人）社長、次男はB社（従業員50人）社長、三男はB社専務です。父親が70歳になったことで、息子たちは株式も移動しておこうと話し合いました。弁護士に相談したところ、事業承継税制の特例制度を使えば、3人の息子全員が父親から株式を無償（納税猶予）で贈与してもらうことができ、将来父親が死亡して相続が発生した時点で相続税をかなり減らせるとのアドバイスを受けました。

財産の詳細な把握より、特例措置活用の適否の確認が大切

まず、財産の把握が必要になるとのことで、父親に財産の詳細を明らかにするように求めたところ、特例制度の意味を知らない父親は激怒し、一時は棚上げ状態になってしまいました。この場合、詳細まで根掘り葉掘り聞かなくても、株式以外に土地とか預金等がどの程度あるのかといった概要が把握できる程度でかまいません。また、株式の概算評価自体は申告書と決算書があればできるので、詳細な財産がわからなくても問題ありません。

財産の詳細よりも、特例措置の場合は期限（特例承継計画の提出および贈与の実施）までに実行可能か、適用要件は満たしているか、誰に、いくら贈与するのかといった内容の

確認を急がなければなりません。そこで、税理士に事業承継税制の概要とメリットを説明してもらいながら財産の概要を聞き出したところ、父親も納得して応じてくれました。

株式贈与後に父親が死亡した場合、相続税が軽減される

特例措置による効果は、父親が死亡したときに、「相続税の軽減」となって表れます。次ページに概略を示しておきました。

贈与によって株式は3人の息子（後継者）に移っていますが、相続の発生時には、父親の相続財産として足し戻されます（みなし加算）。本事例では、実際の父親の遺産は3億1000万円ですが、自社株式の2億円が加算されて5億1000万円とみなされます。

ケース01と同様の手順で計算（143ページ参照）すると、相続税納税額は9865万円となります。相続税の納税猶予額の2435万円が軽減されていることがわかります。

ちなみに、後継者の息子3人の法定遺留分は各4250万円なので、株式以外の相続財産で十分カバーされています。トラブルは起きにくい分配にはなっていますが、やはり父親が遺言書できちんと指定しておくと万全です。なお、父親は株式贈与後、非常勤の相談役となり、月額50万円の給与を受けて生活費を確保することとしました。

[図表4-3] 自社株式贈与後の相続発生時の相続財産構成

財産の種類	母	長男	次男	三男	財産別金額
A社株式	―	1億円	―	―	1億円
B社株式	―	―	6,000万円	4,000万円	1億円
自宅（建物・土地）	5,000万円	―	―	―	5,000万円
その他土地	―	5,000万円	5,000万円	5,000万円	1億5,000万円
預金等	5,000万円	2,000万円	2,000万円	2,000万円	1億1,000万円
計	1億円	1億7,000万円	1億3,000万円	1億1,000万円	5億1,000万円

（注）自社株式（A株式会社、B株式会社）は後継者（長男、次男、三男）に贈与済みだが、相続財産とみなされて加算される（納税猶予の贈与税は納税免除）

〈相続税額の計算〉

①相続財産の相続税額（第1章 p.56 の相続税率表参照）

5億1,000万円（相続財産） － 5,400万円（基礎控除） ＝ 4億5,600万円 ……… 課税価格

課税価格に対する相続税額 1億2,300万円

②自社株式のみを相続財産と仮定したときの相続税額

2億円 － 5,400万円 ＝ 1億4,600万円 ……… 課税価格

課税価格に対する相続税額 2,435万円

③実際の相続税納税額

1億2,300万円 － 2,435万円 ＝ 9,865万円 ……… 相続税納税額

〈相続財産の法定比率〉

	母	長男	次男	三男	計
相続財産（除株式）	1億円（1億円）	1億7,000万円（7,000万円）	1億3,000万円（7,000万円）	1億1,000万円（7,000万円）	5億1,000万円（3億1,000万円）
法定相続分	2分の1（2億5,500万円）	6分の1（8,500万円）	6分の1（8,500万円）	6分の1（8,500万円）	5億1,000万円
遺留分	4分の1（1億2,750万円）	12分の1（4,250万円）	12分の1（4,250万円）	12分の1（4,250万円）	2億5,500万円

ケース04

両親の持株を贈与して後継者の息子に株式を集中させる

POINT

第三者が代表者を務める会社で先代経営者の息子に引き継ぎ

・状況……先代経営者である父親が体を壊したため、同業の仲間である知人にワンポイントリリーフとして社長になってもらっていた。後継者である息子も専務として数年経験を積んだので、代表者に昇格するのに合わせ両親の株式を贈与することにした

・承継会社：年商10億円の中小スーパーで、先代経営者（代表者）から引き継ぎ、現在の代表者は先代経営者の知人（70歳）。株式は所有していない

・承継者：先代経営者（72歳）および先代経営者の妻（68歳）

・後継者：息子（48歳、専務取締役）

・株式保有比率：父30%、母20%、息子50%

時期をずらしての贈与が必要

本ケースは、１人の後継者が複数の贈与者から贈与を受ける一例です。

先代経営者が健康を害してしまい、息子が一人前になるまでの間、第三者である知人を社長（代表取締役）に迎えました（株式は渡さず）。息子は株式の50％を所有して、5年前から役員になっています。その後、機が熟して息子が社長を引き継ぐことになり、両親の株式も譲ることとしました。株式贈与は事業承継税制の特例措置を利用するため、図のステップを踏んで実施します。

複数人から贈与を受けるときの注意点は、贈与実施前に後継者が代表者に就任することと、先代経営者が先に贈与し、それ以外の贈与者は後から贈与する必要があることです。同時も認められません。ここでは父がまず贈与し、次に母が贈与という順になります。

［図表4-4］複数贈与者からの贈与実行の手順

〔ステップ1〕

後継者（息子）が代表者に就任する（息子の持株50％）
※後継者の要件：贈与時までに代表権を有することが必要

〔ステップ2〕

先代経営者（父）の株式を贈与する
※贈与の要件：先代経営者が最初に贈与しなければならない

〔ステップ3〕

先代経営者以外の贈与者（母）の株式を贈与する
※贈与の要件：先代経営者の後に贈与しなければならない

ケース 05

直系親族以外への贈与と相続で遺言を活用する

POINT

株式の贈与後に遺言で指名しておき相続人以外の者を後継者にする

・状況……経営者の伯母が高齢になったため、株式だけを甥（弟の長男）に贈与。自分が死亡したときに弟が存命であれば甥は相続人になれないため、遺言書によって指名しておき、確実に後継者になれるようにしたい

・承継者：兄が経営していた会社を兄の死亡により引き継いだ妹（75歳）。引き継いだ文具卸会社（A社）のほかに貸しビルを所有（B社）

・後継者：甥（38歳、A社社員）

・その他の関係者：弟（70歳）。引き継いだ会社には関係していない

甥に株式を贈与して経営を任せる

本ケースは、直系親族以外の者を後継者としたときの事業承継税制の活用の一例です。

相続時に相続人とならない後継者への株式移譲のケースです。

事例の会社は、創業者から長男が引き継いだ文具卸会社（A社）を、兄（長男）の死亡により、妹が引き継いでいます。妹（現社長）には弟もいますが、A社とは無関係な上、70歳と高齢のため、A社で働いている甥（弟の息子）を後継者として考えています。現社長自身に子はありません。

A社の現経営者である伯母も75歳を迎えましたので、38歳の甥（A社社員）にA社株式を贈与して、経営を任せることにしました。

株式のみを贈与して遺言で後継者の地位を保証しておく

甥はA社で長年勤務しており、経営を任せても心配はないので、伯母は株式贈与を機に経営の第一線から退くことにしました。ただし、伯母自身の今後の生活費等を確保するためA社株式のみの贈与とし、土地・建物はA社に賃貸して地代・家賃収入を得ることにしました。伯母が持つ貸しビル業のB社の家賃収入も併せて、十分な収入を確保できる見込みです。

しかし、このまま伯母が死亡し、相続が発生したときには、弟（甥の父）が存命なら甥

［図表4-5］贈与者と後継者の関係図

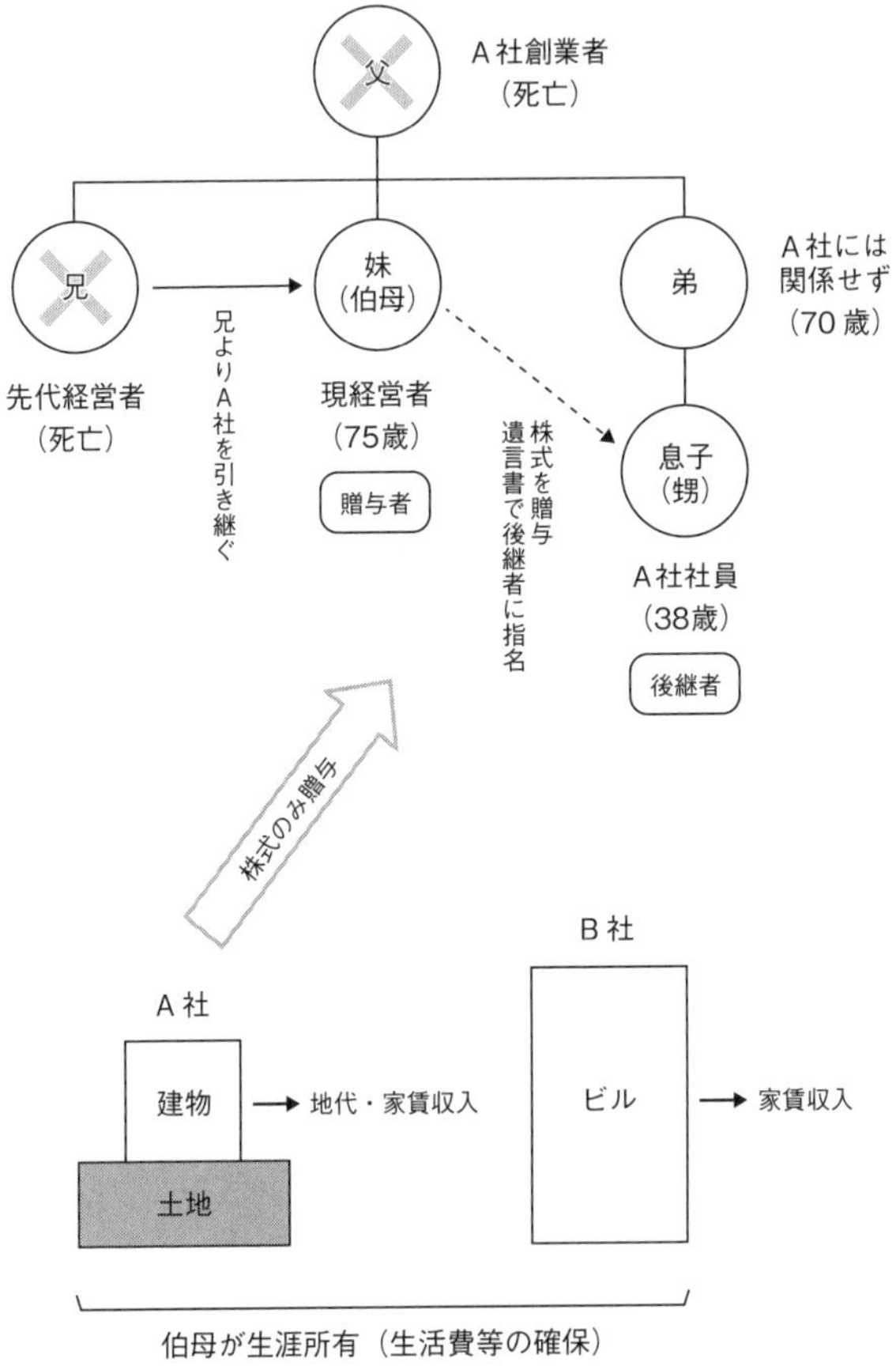

は相続人にはなりません。株式は押さえているので形式上は心配ありませんが、相続税の負担増を不満とする相続人などとトラブルになるかもしれません。

そこで、伯母は遺言書を書き、遺言で甥を後継者に指名し、A社の土地・建物とB社の株式の相続方法についても指示するなどしておくこととしました。このようにしておけば、相続後も甥が後継者の地位を確実に維持することができます。

なお、兄弟が相続人の場合、遺留分はありませんので、遺留分の請求をされる心配もありません。

第三者への贈与では相続人とのトラブルに注意

相続時に相続人とならない後継者への贈与では、相続人への配慮に注意しなければなりません。ケース01で見たように、相続発生時には贈与した株式が相続財産に加算されるため相続税が高くなり、後継者以外の相続人の相続税負担が増すからです。

本ケースの場合は、相続人は後継者（甥）の父親（伯母の弟）一人なのでトラブルになる可能性は低いと思われますが、特に古参社員など第三者が後継者の場合にはトラブルのリスクが高くなります。また、第三者が後継者の場合、相続人とともに相続税の申告を行うため、相続時に財産の内容が第三者に知られてしまうのも、相続人にとって抵抗感のあるところです。

こうしたことを防ぐには、現経営者が遺言書を書き、遺言によって相続人のケアを確実にしておくことが有効になります。もちろん、相続までに先代経営者の責任として関係者に十分な理解を得ておくコミュニケーションが大切なことは言うまでもありません。

なお、本ケースは後継者が一人のため一般措置でも可能ですが、後継者が複数のときは特例措置の利用に限られます。

ケース **06**

資産管理会社だが納税猶予を受けるために3要件を整える

POINT

資産管理会社が欠けている要件を満たすことによって適用可能にする

・状況……父が息子に株式を贈与して代表者から退任し、本業の強化に取り組む。事業承継税制の納税猶予を利用するため、新規採用予定の２人の従業員募集を前倒しして資産管理会社の事業実態３要件をクリアする

・承継会社：不動産会社だが、売上に占める不動産賃貸の比率が90％で資産管理会社に該当する

・承継者：父（72歳、代表取締役会長）。全株式所有

・後継者：息子（50歳、社長）

・事業実態要件：従業員４人→×１人不足　事務所所有（自社ビル）→〇クリア

本業収入（不動産売買・仲介）は売上の10％を３年以上継続→〇クリア

不動産賃貸業は資産管理会社になる

本ケースは、資産管理会社に該当した場合に、事業承継税制を使えるようにする対策の一例です。

事例の会社は不動産会社ですが、昔は本業である不動産の売買や仲介が中心だったものの、今は自社物件の賃貸が主となっています。不動産が多い会社の場合、特定資産（68ページ参照）による収入かどうかによって、資産管理会社に該当するかどうかが違ってきます。

不動産の所有や不動産による収入の基準が厳しいのは、地主が所有している不動産を法人化して相続税逃れに使う租税回避を防止する目的もあります。特に、不動産賃貸業務は賃貸の仲介業務であればよいのですが、自社所有不動産の場合、第三者への賃貸であっても、所有している不動産や家賃収入は特定資産となります。

本ケースの会社も、現在の売上高に占める本業（不動産売買・仲介）の比率は10％程度しかなく、残りの90％は自社物件の不動産賃貸業（主に家賃収入など）となっています。不動産賃貸業による家賃収入は特定資産となるので、売上高に占める特定資産の運用収入が75％以上となり、この会社は資産管理会社（資産運用型会社）に該当します。

事業実態要件を確認して適用できるようにする

本ケースの会社は、72歳の父親が代表取締役会長として代表権と全株式を所有しています。後継者である息子は、社長ではあるものの、まだ経営を完全に任されてはいませんでした。しかし、息子が50歳になったのを機に、父親は代表権と株式を譲り、退任をすることを決意しました。新しい代表者のもとで、低迷している本業をかつてのように活性化したいと期待しています。

しかし、現状は資産管理会社なので、このままでは事業承継税制を活用した納税猶予の株式贈与ができません。ただ資産管理会社でも、事業実態があれば納税猶予の適用が認められます。そこで、会社が事業実態の要件を満たしているかを確認します。事業実態は次ページの3つの要件をすべて満たしていなければなりません。

要件2の「事業を行う場」とは、事務所・店舗・工場などの所有または賃借ですが、従業員が勤務している場でなければなりません。この会社は、自社ビルの1階に事務所があり、従業員も働いているので、要件をクリアしています。

[図表4-6] 資産管理会社の事業実態3要件をクリアする

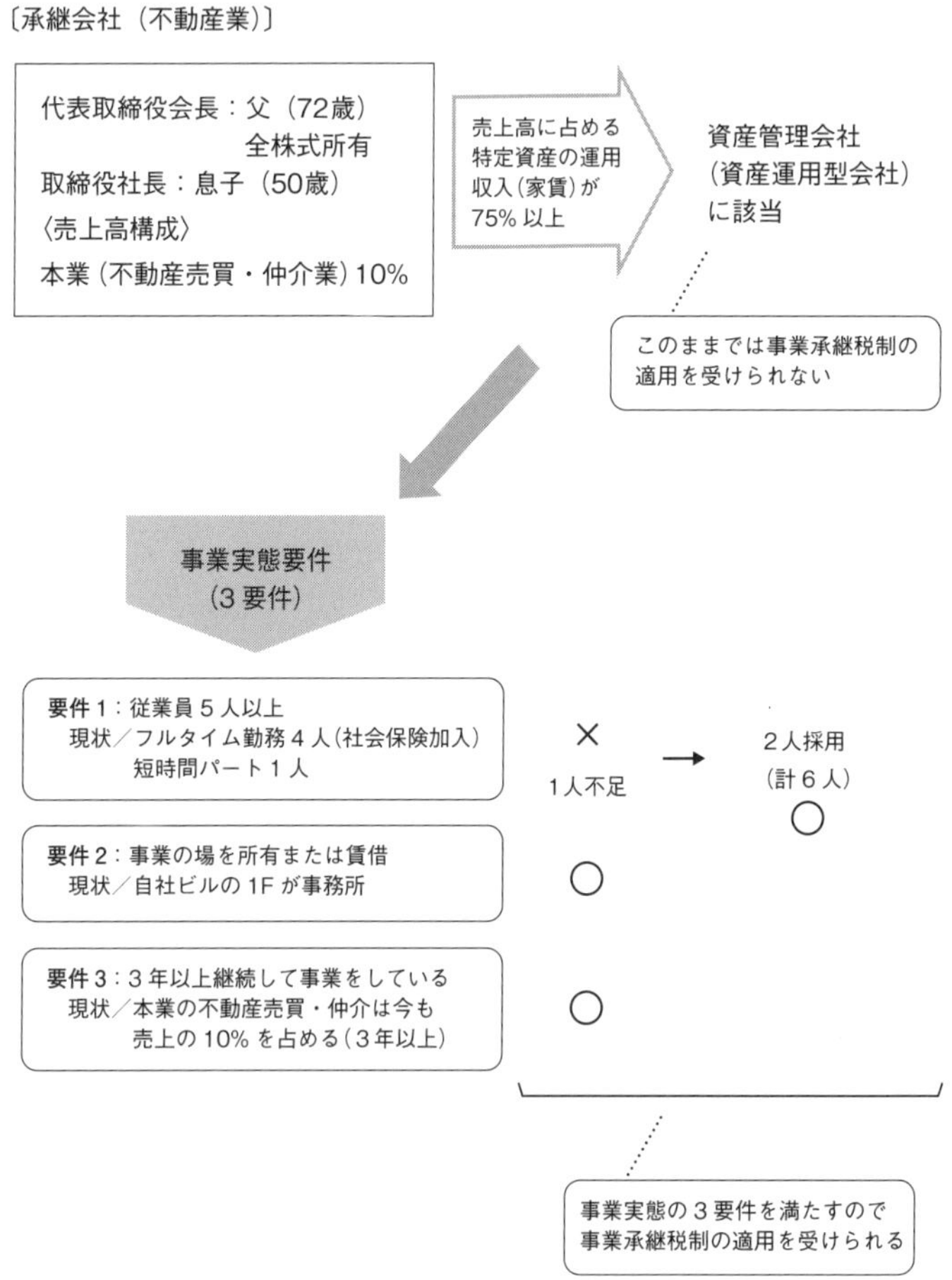
〔承継会社（不動産業）〕
代表取締役会長：父（72歳）
全株式所有
取締役社長：息子（50歳）
〈売上高構成〉
本業（不動産売買・仲介業）10%
売上高に占める
特定資産の運用
収入（家賃）が
75% 以上
資産管理会社
（資産運用型会社）
に該当
このままでは事業承継税制の
適用を受けられない
事業実態要件
（3 要件）
要件 1：従業員 5 人以上
現状／フルタイム勤務 4 人（社会保険加入）
短時間パート 1 人
×
1人不足
2人採用
（計 6 人）
○
要件 2：事業の場を所有または賃借
現状／自社ビルの 1F が事務所
○
要件 3：3 年以上継続して事業をしている
現状／本業の不動産売買・仲介は今も
売上の 10% を占める（3 年以上）
○
事業実態の 3 要件を満たすので
事業承継税制の適用を受けられる

要件3の「3年以上継続して事業（商品販売等）を行っていること」も事例の会社の場合、問題ありません。少なくなったとはいえ、今も不動産売買・仲介による本業収入が10％あるからです。

問題は要件1の「従業員5人以上」という決まりです。事例の会社は会長と社長を除いて従業員が5人いますが、1人は短時間パートで、社会保険（健康保険、厚生年金）に加入していません。「従業員」は原則として社会保険加入者でなければならず、同一生計の役員や親族は除かれます。そこで、本業強化のため募集予定だった新規従業員2人を前倒しで募集して採用することにしました。

こうして納税猶予の贈与を実施する要件を整えることができました。

第5章

こんなとき「どうする?」「こうする」

この章では、第4章までを踏まえて、
実際に検討する上で、多くの読者の方々が
疑問に思われそうな点について、
Q&A形式でお答えしていきます。

Q1 制度の活用を検討する目安にはどんなものがある？

A1 経営者の年齢、自社株式の評価額、後継者のめどなどがある

事業承継を考えるにあたっては、経営者の年齢が大きく影響します。ただ、事業承継税制の利用を考えるという意味では早くて50歳代後半くらいからになるかと思います。特に、特例措置では相続時精算課税制度の利用がポイントになりますが、同制度は贈与者である経営者が60歳以上でないと利用できません。また、平均の引退年齢が70歳代前半であることを考えると、まだ若いと思っても、60歳を過ぎたら検討を始めるべきでしょう。

事業承継税制を利用するかどうかに関しては、自社の株価を把握することが最も重要です。経営者の純資産（株価を除く）が1億円以上、株価が1億円以上というのがひとつの目安です。資産額や株価が低くて、相続税が基礎控除（3000万円+相続人1人につき600万円）に収まってしまうようなら、わざわざ手間と費用をかけて事業承継税制を使う必要はありません。

後継者のめどについても検討しておかなければなりません。経営者の子供が後継者になる見込みがあれば問題ありませんが、親族や従業員、外部からの第三者の迎え入れなども検討する必要があります。後継者の資質としては、今後、会社や事業を大きく発展させていく能力があるかどうかが重要です。

また、中小企業の事業承継は財産相続と一体ですので、後継者と他の相続人がもめないように遺言でしっかりと指示しておくことが必須です。できれば60歳になったら、あるいは60歳代のうちに、遅くとも70歳を過ぎたら必ず遺言書を書いておくべきです。

「事業承継について相談できる相手がいない」という経営者も多いようですが、やはり専門家の意見をまず聞いて、大枠の理解をしておくべきです。事業承継税制の利用時には、自社の株価評価が必要になってきますから、株価計算ができる税理士に相談するのがよいでしょう。自社の内情を知っている顧問税理士なら相談もしやすいでしょう。

また、後継者をはじめ身内や親族、古参社員など関係者とよくコミュニケーションをとっておくのも大切です。

Q2 資産管理会社でない要件「従業員5人」はパートも含む？

A2 社会保険加入であればパート従業員も含めてかまわない

資産管理会社は期間制限のない納税猶予の取り消し事由ですから、経営承継期間中（5年間）はもちろん、5年経過後も資産管理会社に該当した場合は納税猶予が取り消しになります（資産管理会社の定義については68ページ参照）。

ただし、資産管理会社であっても次の要件をすべて満たす場合は、資産管理会社に該当しないとみなされ、事業承継税制の納税猶予を受けることができます。

①従業員が5人以上いる
②事業活動を行う事務所を所有または賃借している
③商品販売等を3年以上継続して行っている

このうち、①の従業員については、「社会保険（健康保険、厚生年金）に加入しているかどうか」が判断基準になります。パート従業員の場合、中小企業では、1週間の所定労働時間および1カ月の所定労働日数が正社員の4分の3以上になっている場合などに社会保険への加入が義務づけられます。1日8時間のフルタイム勤務者なら週4日勤務で社会保険加入になります。

なお、社会保険加入者でも社長は除きます。また、後継者および後継者と生計を一にする親族も除きます。

②の事業活動を行う事務所の所有または賃借とは、親族外従業員の勤務する場所であり、自宅や事業外のものなどは認められません。

③の事業については不動産業も含まれますが、親族などに貸し付けている場合は認められません。あくまでも第三者に対する事業としての貸し付けでなければなりません。

Q3 後継者が決められないとき、後で変更はできる？

A3 特例承継計画での変更はできるが贈与後の後継者の変更はできない

子供が事業を継ぐ気がなかったので、当初は古参社員を後継者としていたのですが、子供が継ぐ意志を示したので後継者を変更したいと思ったときは、特例措置の納税猶予の適用を受ける後継者を変更できるのでしょうか。

特例措置の納税猶予（贈与または相続）の適用が受けられるのは、特例承継計画の確認申請書に記載された後継者（最大3名）に限られます。特例承継計画の内容は、変更申請書（様式24）の提出によって変更手続きをすれば変えることができます。後継者の変更も可能です。

しかし、贈与を実施して特例贈与認定申請書を申請し、納税猶予が開始された後は、納税猶予を受ける後継者の変更はできなくなります。

そのため、後継者が確定できないときは、後継者をとりあえず指名しておき、贈与直前まで決定を保留し、必要があれば変更すればよいでしょう。

なお、特例承継計画の確認申請書に後継者を複数記載し、贈与を受けていない者がいる場合、贈与を受けていない後継者については、贈与を受けた後継者の納税猶予開始後でも変更可能です。

例えば、長男と古参社員の専務の2人を後継者として記載していた場合、長男だけに株式を贈与して古参社員には株式贈与をしていなければ、長男への特例措置による納税猶予開始後でも古参社員を後継者から外して次男を新たな後継者とすることができます（ただし、長男に贈与した人は、この時点では次男には贈与できないため、別の株主が次男に贈与することとなります）。

また、同じ贈与者ができる納税猶予が適用される贈与は1回のみ（一括贈与）ですが、同一年であれば同一の贈与者が時期をずらした贈与をすることが可能です。

例えば、後継者が長男と次男の場合、先代経営者が長男への贈与を4月に実施後、10月に次男への贈与を実施した場合、一括の贈与とみなされて、次男への贈与も納税猶予の適用ができます（同年の12月31日までの贈与に限る）。

Q4 株券不発行会社にしておくとどんなメリットがある？

A4 担保を提供する手続きが比較的楽になる

以前は、会社は原則として株券発行会社でなければなりませんでした（ただし定款に定めがあればよいので実際には発行していないケースも多い）。しかし、２００６年の商法改正による会社法施行により、株券を発行しない「株券不発行会社」が原則となりました。

事業承継税制の適用を受けるときには、納税猶予（贈与税または相続税）の申請時に担保を提供する必要があります。担保は自社株式とすることが一般的ですが、株券発行会社であれば、法務局に株券を供託しなければならず、手続きがとても面倒です。

しかし、株券不発行会社であれば、税務署に質権設定を承諾する書類（株券不発行会社に係る非上場株式に質権を設定することについての承諾書）を提出するだけで足ります。

旧商法時代からある会社は、会社法施行後に定款変更を行っていなければ、株券発行会社に該当することになり、株券を実際に発行していなければ、発行して供託する必要があります。

そのため、自社が株券発行会社であれば、納税猶予申請前までに定款を変更して、株券不発行会社にしておくとよいでしょう。

［図表5-1］株券発行会社と株券不発行会社の担保提供手続きの違い

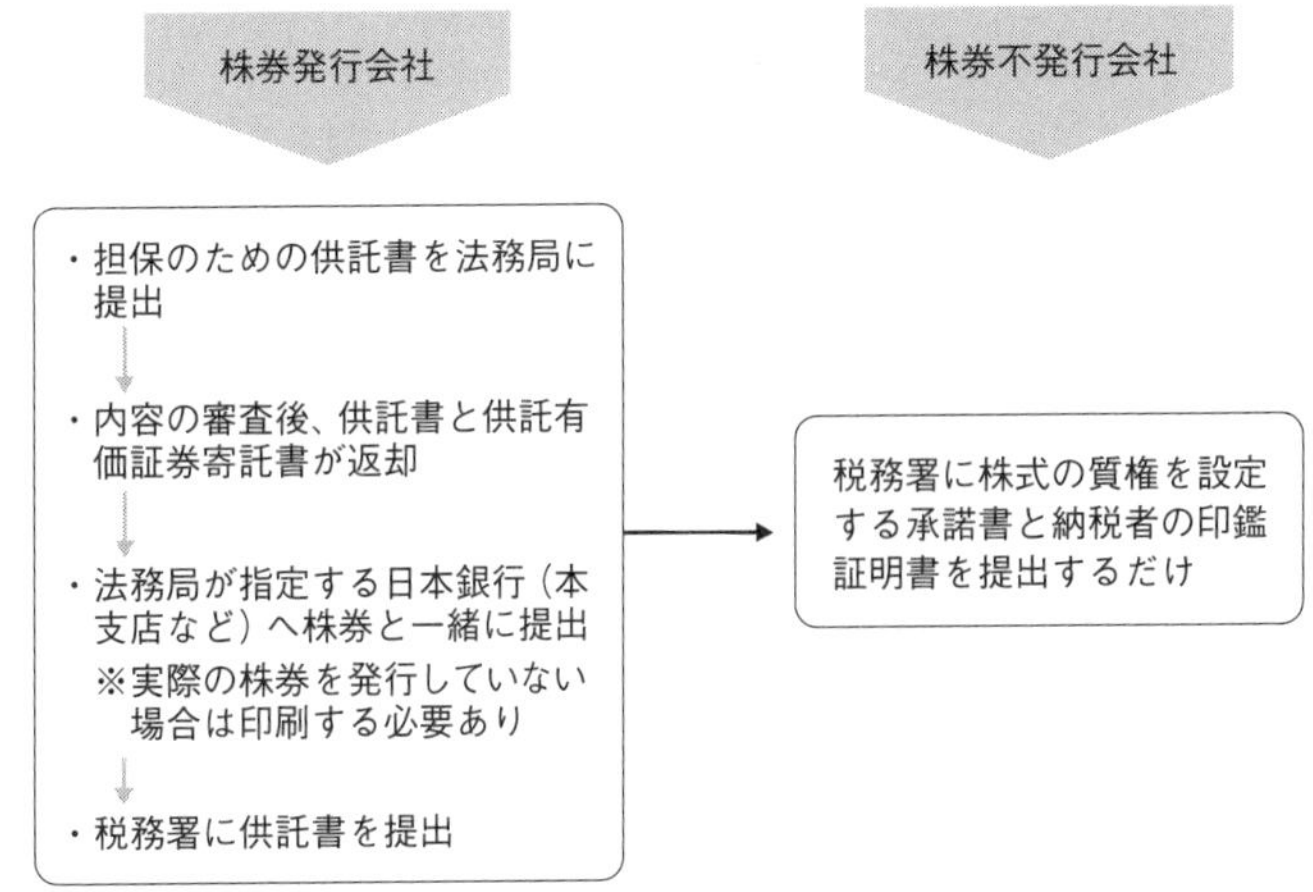
株券発行会社
株券不発行会社
・担保のための供託書を法務局に提出
・内容の審査後、供託書と供託有価証券寄託書が返却
・法務局が指定する日本銀行（本支店など）へ株券と一緒に提出
※実際の株券を発行していない場合は印刷する必要あり
・税務署に供託書を提出
税務署に株式の質権を設定する承諾書と納税者の印鑑証明書を提出するだけ

Q5 先代経営者の説得でよいアドバイスはあるか？

A5 代表者を降りるのはぎりぎりでよいことを伝えるとよい

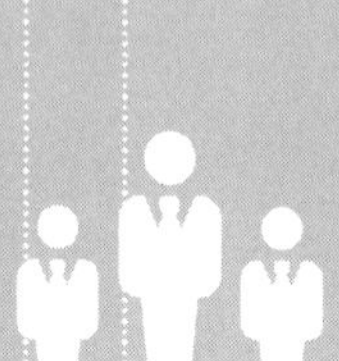

先代経営者は、「代表権を手放すこと」に強い抵抗を示すことがよくあります。社長の座は後継者に譲って株式の一部は贈与しても、自分は代表取締役会長などとして後見したいといった思いからです。

しかし、事業承継税制の適用を受けるためには、株式の贈与時に代表権を有していないことが条件です。つまり、贈与前に代表者を降りる必要があります。

特例承継計画は期限までに提出しなければなりませんが、若い後継者の経営能力が不安であれば、実際の株式の贈与は贈与実施期限（２０２７年12月31日）ぎりぎりまで先送りすることも可能です。この間、代表権を維持しながら後継者教育を進めることができます。こうしたことをよく説明するのも、理解を得る材料のひとつです。

Q6 父母から贈与を受ける際に父だけ相続時精算課税は選べる?

A6 父だけ相続時精算課税を選択することができる

贈与税の課税方式は、贈与者ごとに選択できるので、受贈者である後継者が父親からは相続時精算課税、母親からは暦年課税で贈与を受けることは可能です。

例えば、先代経営者である父親の株式は相続時精算課税を選択して事業承継税制の納税猶予を受け、母親からは金銭で年に１１０万円までの贈与を受けることができます。

この場合、株式贈与をした年は、父親からの相続時精算課税２５００万円と母親からの１１０万円の合計２６１０万円までが非課税となりますが、株式贈与分は２５００万円を超えた分も含めて全額が納税猶予になります。

株式贈与のない贈与者からの贈与には暦年贈与を選択して、非課税枠を有効活用するのもひとつの方法です。

Q7 3代目まで考えたときの制度利用上の注意点は？

A7 特例措置の利用を考えるのであれば期限に留意する必要がある

事業承継税制は、後継者（2代目）の次の後継者（3代目）にも適用可能です。しかし、特例措置を利用したいのであれば、特例措置の期限（2027年12月31日）までに3代目への贈与を実行しておく必要があります。しかし、2代目の経営者が引退を考える時期には早すぎるので、制度改正で特例措置が延長されない限り、実際の承継時には一般措置しか使えない可能性があります。

そこで、場合によっては2代目（息子）と3代目（孫）を同時に代表者（社長と副社長）としておく方法もあります。株式は2代目に7割、3代目に3割のように贈与します。ただ、特例措置の制度上は可能ですが、2代目が納税猶予を受けた株式を3代目に移すときには、特例措置の期限が過ぎて一般措置しか使えないとなると、特例措置を使った株式に一般措置を使った贈与は適用できないため、あまりお勧めはできません。

第6章

［実践編］ここも一緒に考えておきたい

最後の章では、
「暦年課税か相続時精算課税か」など、
今回の特例措置を実際に利用する場合に、
併せて考えておきたい点を、
ポイントを絞って解説します。

01

暦年課税と相続時精算課税を比較してみる

POINT

取り消しになった場合の差や総コストでの損得で考える

相続時精算課税は取り消しリスクに圧倒的に強い

事業承継税制を利用する場合は、暦年課税ではなく、相続時精算課税を選択するほうが一般的に有利とされています。納税猶予が取り消しにならなければ最終的に納税免除となるためどちらも同じですが、取り消しの場合の納税額が違ってくるからです。

では、実際にどのくらいの差が出るかをシミュレーションで確認してみましょう。事例は中小工務店の経営者が自分の持つ自社株式（100％）を後継者の甥に贈与するときに株価を変えて計算してみたものです。

まず、実際の評価で出た株価2524万8300円で計算したのが次ページの数字です。暦年課税を選ぶ場合、全額を一括で贈与した場合は約958万円の贈与税がかかります。

一方、5回に分けて5年間毎年贈与すると1年当たりの贈与税は約54万円ですから、5

［図表6-1］暦年課税と相続時精算課税の比較

〔株価評価 25,248,300 円〕贈与者（先代経営者）100%→甥へ全株式贈与

暦年課税による贈与税額			事業承継税制利用	納税猶予取り消しの場合の納税額（相続時精算課税選択時）
1年（一括贈与）		5年分割		
1年	9,574,150 円	539,932 円	0 円	49,660 円
2年	ー	539,932 円	ー	ー
3年	ー	539,932 円	ー	ー
4年	ー	539,932 円	ー	ー
5年	ー	539,932 円	ー	ー
計	9,574,150 円	2,699,660 円	0 円	49,660 円

◇手数料等経費（①契約書作成、株価評価等、②贈与税申告手数料）			
①	200,000 円	200,000 円	1,500,000 円
②	50,000 円	50,000 円	200,000 円
1年目計	250,000 円	250,000 円	1,700,000 円
5年目計	250,000 円	1,250,000 円	1,700,000 円
6年目以降	ー	ー	300,000 円
税額＋経費額	9,824,150 円	3,949,660 円	2,000,000 円

（注）
1. 暦年課税選択で納税猶予取り消しの場合は一括納税猶予税額がそのまま納税額となる
2. 事業承継税制利用の6年目以降は、相続まで10年とした場合に3年に一度の税務署への継続届出書提出の手数料（1回10万円×3回＝30万円）

〈贈与税率〉特例税率

課税価格	税率	控除額
200万円以下	10%	なし
400万円以下	15%	10万円
600万円以下	20%	30万円
1,000万円以下	30%	90万円
1,500万円以下	40%	190万円
3,000万円以下	45%	265万円
4,500万円以下	50%	415万円
4,500万円超	55%	640万円

〈贈与税率〉一般税率

課税価格	税率	控除額
200万円以下	10%	なし
300万円以下	15%	10万円
400万円以下	20%	25万円
600万円以下	30%	65万円
1,000万円以下	40%	125万円
1,500万円以下	45%	175万円
3,000万円以下	50%	250万円
3,000万円超	55%	400万円

（注）特例税率は直系尊属（祖父母や父母）から18歳以上の直系卑属（子や孫）への贈与にのみ使用できる。本事例では甥への贈与なので一般税率で計算する。なお、相続時精算課税は株価から2,500万円を控除した額に一律20%の税率を乗ずる

年間の合計で約270万円とかなり安くなります。この差は一括贈与の場合は基礎控除の110万円が1回しか使えないのに対し、5年間では毎年110万円ずつ計550万円の基礎控除が使えることと、分割することにより税率が下がるためです。

このように、暦年課税を使う場合には、なるべく分割して毎年110万円の基礎控除を使っていくのがかなり有利になります。しかし、事業承継税制を使う場合には、分割では納税猶予が使えませんから一括で贈与することになります。ただし、納税猶予が適用されて、実際には贈与税を納める必要はありません。

一方、相続時精算課税を選択した場合は株価から2500万円を控除できますから、超過分の24万8300円の20％の4万9660円の贈与税額になります。こちらも納税猶予が適用されて、納税の必要はありません。

同じ納税猶予額でも約960万円と約5万円の大差があり、もし納税猶予が取り消しになったときに大きくものをいいます。取り消しになれば、これら納税猶予額に利子税を加えて納付しなければなりません。相続時精算課税のほうが圧倒的に有利だとわかります。

手数料なども含めた総コストで暦年課税が有利な場合もある

事業承継税制の検討では、納税猶予だけに目を奪われるのではなく、手数料などの費用も含めて検討する必要があります。事例の会社の実際の株価評価額（２５２４万８３００円）の場合、暦年課税では約25万円の手数料などの費用（一般的な相場として）がかかります。さらに5年分割の場合は、毎年手数料（25万円×5年間）がかかるので１２５万円の費用になります。一括贈与の場合は初回の25万円だけです。

一方、事業承継税制は費用がかなりかかり、約１７０万円になります。しかも、5年経過後も3年ごとに税務署への継続届出書提出の費用が約10万円かかります。仮に相続まで10年として、３年ごとに10万円×3回＝30万円とすれば、合計で約２００万円になります。全体のコストを考えると、納税猶予額ほどの差はないことがわかります。

それでも、株価が高い場合は事業承継税制を利用したほうが総コストも低く抑えることができます。また、逆に株価評価額が低い場合には、暦年課税の5年分割を利用したほうが総コストは安くなる場合もあります。そのため、事業承継税制を考えるときは、納税猶予額だけでなく、総コストでの検討も行っておくべきでしょう。

相続で移転する場合との比較も検討

また、贈与で生前に移転するのではなく、相続で株式を承継したほうが良いか、贈与で承継したほうが良いかを検討する場合には、次ページの表のように、相続税を含めた比較が必要になります。

この場合、相続税については、自社株式を含めた先代経営者の総資産の相続税と、財産が自社株式だけの場合の相続税を算出し、事業承継税制を活用した場合の相続税のメリットを確認しておくことが重要です。

その上で、先ほど解説したように、トータルコストを踏まえて、事業承継税制を活用したほうが良いのか、相続まで待って移転したほうが良いのかを判断します。

［図表6-2］相続・贈与比較検討シート

相続人	3名
自社株価評価	100,000,000
その他の財産	150,000,000
合計	250,000,000

山田太郎氏 100%

基礎控除	48,000,000	
自社株のみ課税価格	52,000,000	
自社株のみ相続税	6,300,000	
全体課税価格	202,000,000	実効税率
全体相続税	39,700,000	19.65%

＜自社株式について＞

	相続した場合	暦年で贈与した場合*		事業承継税制利用	取り消しをされた場合※（相続時精算課税を選択時）
	相続税	贈与税1年	贈与税5年		
山田太郎氏分株式のみ	19,653,465	47,995,000	5,855,000	0	15,000,000
			5,855,000		
			5,855,000		
			5,855,000		
			5,855,000		
相続税の減額効果				−6,300,000	
実際の相続税（株のみ）				19,653,465	
合計	19,653,465	47,995,000	29,275,000	13,353,465	15,000,000

契約書作成、株価評価		250,000	250,000	2,000,000	※取り消しにより払った贈与税は相続税の前払いとなる
贈与税申告		50,000	50,000	300,000	
		300,000	1,500,000	2,300,000	
相続税申告費用	1,500,000				
合計	21,153,465	48,295,000	30,775,000	15,653,465	0

＊相続人への贈与を前提として特例贈与の税率を適用

02

必ず遺言書を書いて トラブルを防ぐ

POINT

3種類ある形式のうち 公正証書遺言がお勧め

事業承継税制の納税猶予はもめ事になりやすい

近年、遺産相続では遺言書の重要性が注目されていますが、特に事業承継税制を利用する場合は、遺言書が必須といってよいでしょう。納税猶予分が相続時に相続財産に加算されるため、相続税を押し上げ、後継者以外の相続人ともめ事になりやすいからです。このようなことからも、事業承継のグランドデザインができた段階で、必ず遺言書を書いておくべきです。株式の納税猶予があると相続が複雑になるので、遺言書は遺産分割でのトラブル防止に有効です。併せて遺言書の中で遺留分対策も済ませておきましょう。

望ましいのは公正証書遺言

遺言書の形式は、次ページの表のように3種類あり、それぞれ長所短所があります。

事業承継税制には、3種類の中の公正証書遺言がお勧めです。自筆証書遺言は手軽ですが、相続時に検認（家庭裁判所で、相続人の立ち合いのもと、中身を確認すること）が必要で、1~2カ月かかります。何より紛失のリスクがあります。

公正証書遺言は検認が不要な上、原本紛失のおそれがありません。

[図表6-3] 遺言書の種類と主な違い

	自筆証書遺言	公正証書遺言	秘密証書遺言
書き方・書き出し方	全文を本人が自筆 ※財産目録などはパソコン等での作成や代筆可	公証役場で公証人が作成	本人が作成して封印し、公証人に提出 ※パソコン等での作成や代筆可
証人	不要	2人	2人
保管	自分で保管（紛失や改ざんのリスクあり） ※2020年7月からは法務局での保管も可能	原本を公証役場で保管	自分で保管
家庭裁判所の検認	必要 ※法務局保管分は不要	不要	必要
作成手数料	なし	数万円以上 ※相続人ごとに相続額に応じた手数料額を合算	1万1,000円
注意点など	法的要件（日付、署名、押印など）を満たしているかの確認が必要	相続人数が多く、相続財産額が大きいほど、作成手数料が高くなる	法的要件を満たしていないと無効になる

03

遺留分対策や相続税対策の多様なやり方を検討する

POINT

生命保険の活用など代表的な対策を知っておく

遺留分対策としての生命保険活用

事業承継税制の利用には、遺留分対策が不可欠です。遺留分対策の目的は、「遺留分を減らすこと」と、「後継者以外の相続人の遺留分請求（遺留分減殺請求）に対応できるようにしておくこと」にあります。

遺留分対策としては、遺留分放棄、遺留分の民法特例の合意（除外合意・固定合意）、養子縁組などさまざまなものがありますが、よく使われる遺留分対策の一つとして、「生命保険の活用」があります。

次ページの事例では、総資産のうち1億円は自社株式なので、法定相続分だけだと相続時に長男（後継者）には株式以外の相続財産がいかなくなります。そこで、先代経営者が遺言によって、後継者である長男に株式以外の資産7000万円が受けられるようにしたものです。しかし、次男の遺留分は5000万円ですから、次男は不足の2000万円を要求してくるかもしれません。

そこで先代経営者は、遺留分対策として、長男を受取人とした生命保険に加入しておきます。相続時には長男に死亡保険金6000万円が支払われますが、民法上の相続財産にはならないので、次男の遺留分を3500万円に引き下げることができます。

しかし、長男の相続財産は株式だけになってしまうので、次男から遺留分の差額1500万円を請求されると相続財産から回すことができません。このとき、生命保険からの死亡一時金6000万円を遺留分

[図表6-4] 生命保険を活用した遺留分対策

〈総資産2億円（うち1億円が自社株式）〉相続人は2人

	長男（後継者）	次男	計
法定相続分	2分の1（1億円）	2分の1（1億円）	2億円
遺留分	4分の1（5,000万円）	4分の1（5,000万円）	1億円
遺言	1億7,000万円	3,000万円	2億円

遺留分に2,000万円不足

生命保険（死亡保険金6,000万円）に加入
契約者および保険料負担者：先代経営者
受取人：後継者

〈総資産1億4,000万円（うち1億円が自社株式）〉※6,000万円圧縮

	長男（後継者）	次男	計
法定相続分	2分の1（7,000万円）	2分の1（7,000万円）	1億4,000万円
遺留分	4分の1（3,500万円）	4分の1（3,500万円）	7,000万円
遺言	1億円	2,000万円	1億4,000万円
生命保険	6,000万円		

遺留分の不足分1,500万円を支払い

（注）長男の受け取る死亡保険金6,000万円は民法上の相続財産にならないので遺留分から除かれるが、相続税法上はみなし相続財産となるので相続税計算の総資産は2億円として計算される。ただし、みなし相続財産は相続人1人につき500万円の控除があるので5,000万円（500万円×2人）の加算になる

の支払資金に充てることができます。

このように、生命保険を活用することにより、遺留分対策と同時に後継者に手元資金を残すこともできるのです。

遺留分に関する民法の特例の活用

経営承継円滑化法による税制支援として事業承継税制がありますが、法律的な支援としては「遺留分に関する民法の特例」があります。この特例は、自社株式を相続する相続人が、自社株式を相続しない他の相続人から遺留分の請求をされることにより、事業承継がうまくいかなくなることを防ぐために設けられました。

この制度を使うと、先代経営者の生前に相続人全員の合意により、遺留分の計算のもとなる金額から自社株式の価格を除くか、もしくは合意した金額で固定することができます（固定する合意時の価格は、税理士・公認会計士・弁護士等の証明が必要です。合意書のイメージを次ページに挙げておきます）。

自社株式の価格が上がり続けているような場合に、将来どれだけの遺留分が発生するかもわからず、承継ができないようであれば、金額を固定して遺留分を計算するというの

[図表6-5] 合意書のイメージ〈後継者Bが推定相続人である場合〉

旧代表者Aの遺留分を有する推定相続人であるB、C及びDは、中小企業における経営の承継の円滑化に関する法律(以下、単に「法」という)に基づき、以下のとおり合意する。

(目的ー法7条1項1号)
第1条　本件合意は、B がAからの贈与により取得したY社の株式につき遺留分の算定に係る合意等をすることにより、Y社の経営の承継の円滑化を図ることを目的とする。

(確認ー法3条2項及び3項)
第2条　B、C及びDは、次の各事項を相互に確認する。
① AがY社の代表取締役であったこと。
② B、C及びDがいずれもAの推定相続人であり、かつ、これらの者以外にAの推定相続人が存在しないこと。
③ Bが、現在、Y社の総株主(但し、株主総会において決議をすることができる事項の全部につき議決権を行使することができない株主を除く。)の議決権○○個の過半数である○○個を保有していること。
④ Bが、現在、Y社の代表取締役であること。

(除外合意、固定合意ー法4条1項1号及び2号)
第3条　B、C及びDは、BがAからの平成○○年○○月○○日付け贈与により取得したY社の株式○○株について、次のとおり合意する。
① 上記○○株うち□□株について、Aを被相続人とする相続に際し、その相続開始時の価額を遺留分を算定するための財産の価額に算入しない。
② 上記○○株うち△△株について、Aを被相続人とする相続に際し、遺留分を算定するための財産の価額に算入すべき価額を○○○円(1株あたり☆☆☆円。弁護士××××が相当な価額として証明をしたもの。)とする。

(後継者以外の推定相続人がとることができる措置ー法4条3項)
第4条　Bが第3条の合意の対象とした株式を処分したときは、C及びDは、B に対し、それぞれが、Bが処分した株式数に○○○万円を乗じて得た金額を請求できるものとする。
2　BがAの生存中にY社の代表取締役を退任したときは、C及びDは、Bに対し、それぞれ○○○万円を請求できるものとする。
3　前二項のいずれかに該当したときは、C及びDは、共同して、本件合意を解除することができる。
4　前項の規定により本件合意が解除されたときであっても、第1項又は第2項の金員の請求を妨げない。

(法4条1項の株式等以外の財産に関する合意ー法5条)
第5条　B、C及びDは、BがAからの平成○○年○○月○○日付け贈与により取得した○○について、Aを被相続人とする相続に際し、その価額を遺留分を算定するための財産の価額に算入しないことを合意する。

(衡平を図るための措置ー法6条)
第6条　B、C及びDは、Aの推定相続人間の衡平を図るための措置として、次の贈与の全部について、Aを被相続人とする相続に際し、その価額を遺留分を算定するための財産の価額に算入しないことを合意する。
① CがAから平成○○年○○月○○日付け贈与により取得した現金1,000万円
② DがAから平成○○年○○月○○日付け贈与により取得した下記の土地
　○○所在○○番○○宅地○○㎡

(経済産業大臣の確認ー法7条)
第7条　Bは、本件合意の成立後1ヵ月以内に、法7条所定の経済産業大臣の確認の申請をするものとする。
2　C及びDは、前項の確認申請手続に必要な書類の収集、提出等、Bの同確認申請手続に協力するものとする。

(家庭裁判所の許可ー法8条)
第8条　Bは、前条の経済産業大臣の確認を受けたときは、当該確認を受けた日から1ヵ月以内に、第3条ないし第6条の合意につき、管轄家庭裁判所に対し、法8条所定の許可審判の申立をするものとする。
2　C及びDは、前項の許可審判申立手続に必要な書類の収集、提出等、Bの同許可審判手続に協力するものとする。

ここに示したのは合意書のイメージです。
実際の合意のときは、資産の内容や遺留分権利者の人数などの状況に十分に配慮しながら、当事者間で話し合ってまとめることが肝要です。
その際には、専門家にも相談されることをおすすめいたします。

※中小企業庁ウェブサイトより

は、大きな支援になると考えられます。

先代経営者が生きている間であれば、先代経営者が中心となって相続人全員の合意をとることができると思いますので、事業承継税制と併せて活用するのがよいでしょう。

手続きとしては、合意書を作成し、経済産業省に確認申請を出し、その後、確認書が発行されたら家庭裁判所の許可を受ける必要があります。

相続税対策はまだまだ方法がある

遺留分対策も含めて、相続税対策にはさまざまな工夫が可能です。

基本的には、株価を下げる対策です。株価を下げればリスクも減るからです。

下げる方法として行いやすいのは、会社から代表者（先代経営者）へ退職金を支払うということです。代表者の引退後の生活資金の確保にもなります。

また、株式以外の財産を贈与したり、孫などの教育費、結婚資金などの非課税でできる制度を使った贈与を利用したりして財産を減らせば、遺留分も減らすことができます。

04 依頼する専門家を選ぶポイント

POINT
顧問税理士が詳しくない場合は株価評価などの部分のみ専門家起用も

資産税に強い税理士が適している

事業承継税制を利用する場合は、専門家への依頼が必要となります。顧問税理士が株価評価の計算などに詳しくなくても、事業承継税制を利用するために顧問税理士をわざわざ変える必要はありません。申告とは別にして、株価評価の部分だけを専門の税理士に依頼すればよいからです。

外部で専門家を探す場合には、資産税に強い税理士が適しているでしょう。専門的な内容なので、個人事務所ではなく、ある程度の組織的な税理士事務所がよいでしょう。確認申請を忘れたりすれば取り返しがつきませんから、案件の管理に信頼が置けるかどうかも重要です。その他、税制以外に民法の相続や遺留分の知識があることも必要です。

また、相性もありますから、まずは会って話を聞いてみるとよいでしょう。

05

後継者の育成についてどう考えるか

POINT

いち早く引き継げる体制をつくり後継者を育成することが重要

後継者の育成はできるだけ早めに始めたい

ここまで税制を中心に論を進めてきましたが、最後に別の観点からも少しお話ししておきたいと思います。

事業承継をするにあたって「後継者の育成」は必須です。

すでに現場に入られて会社のことを熟知している、あるいは社員から信任を得ている後継者の方々も数多くおられると思いますが、まさにそうしたことをこれから始めるという方も同様に多くいらっしゃるのではないかと思います。経営者から見て、短期間のうちに後継者の育成をするのは難しいかもしれませんが、事業承継税制を活用し、会社を承継したほうがよいと判断できる場合は、なるべく早めに後継者の育成を始めることをお勧めします。

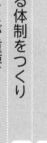

経営者の方々には釈迦に説法かもしれませんが、今の流れの速い時代にあっては、経営者のやる気やカリスマ性だけではなく、ITやインターネットの活用による生産性の把握や向上、人財の効率的な活用、新しいイノベーションを活用した競合他社に対する戦略、差別化戦略、自社の文化に対する理解など、さまざまな要素が必要になっており、引き継ぐ項目を挙げていけばキリがないという側面もあります。

これからの時代は、経営者もプロフェッショナルであることが求められる中、いち早く後継者が引き継げる体制をつくり、育成してあげること――それが大事ではないかと思います。事業承継に関するそれらの分野のサポートを行っている会社などもありますので、そうしたサービスをご活用されるのも一案でしょう。

【著者略歴】

小林満春（こばやし・みつはる）

さくら東京税理士法人 代表社員・税理士。一般社団法人 事業承継のまどぐち 代表理事。1977年生まれ。帝京大学卒業後、資産税を専門に扱う大手会計事務所での勤務を経て、2015年にさくら東京税理士法人を設立。資産税関連のキャリアは20年に及ぶ。会計事務所勤務時代から大型地主の税務を数多く手掛け、独立後も大型地主及び会社経営者の資産管理アドバイスなどの経験を豊富に持つ。同業の税理士や弁護士・司法書士からの相談も多く、顧問とは別に資産税分野のみセカンドオピニオンの対応も行っている。日本経済新聞をはじめ各種メディアにおいても、相続税の専門家として記事・コメント掲載等多数。

さくら東京税理士法人　http://sakuratax.com
一般社団法人 事業承継のまどぐち　http://www.jigyoushoukeinomadoguchi.com

いちばんわかりやすい！
新事業承継税制《しんじぎょうしょうけいぜいせい》のかしこい使《つか》い方《かた》

2019年 6月 1日　初版発行
2022年 6月11日　第3刷発行

発行　**株式会社クロスメディア・パブリッシング**

発行者　小早川幸一郎

〒151-0051　東京都渋谷区千駄ヶ谷4-20-3 東栄神宮外苑ビル

http://www.cm-publishing.co.jp

■本の内容に関するお問い合わせ先 ……………………… TEL (03)5413-3140／FAX (03)5413-3141

発売　**株式会社インプレス**

〒101-0051　東京都千代田区神田神保町一丁目105番地

■乱丁本・落丁本などのお問い合わせ先 ……………… TEL (03)6837-5016／FAX (03)6837-5023

service@impress.co.jp

（受付時間　10:00～12:00、13:00～17:30　土日・祝日を除く）

※古書店で購入されたものについてはお取り替えできません

■書店／販売店のご注文窓口

株式会社インプレス　受注センター ………………………… TEL (048)449-8040／FAX (048)449-8041

カバー・本文デザイン　華本達哉（aozora）
校正　梶原一義
編集協力　川栄和夫
印刷・製本　株式会社シナノ
DTP　株式会社ニッタプリントサービス
ISBN 978-4-295-40301-2　C2034